민주주의는
완벽하지 않다고요?

공화국에서 AI 선거까지
민주주의의 모든 것

민주주의는

완벽하지
않다고요?

권재원 지음

우리학교

대한민국 헌법의
정신이 말하는 것

2024년 12월 3일, 대한민국은 물론 온 세계를 깜짝 놀라게 만든 사건이 일어났습니다. 40여 년 전의 일이라고 생각했던 군사 쿠데타를 다름 아닌 국민이 선출한 대통령이 자행한 것입니다. 다행히도 민주주의를 지키는 우리나라의 법과 제도가 잘 작동하여 이 쿠데타는 바로 진압되었습니다.

우리나라를 선진국이며 안정적인 민주국가로 알고 자란 청소년들은 당황했습니다. 대한민국이 민주주의 국가라는 것, 그것도 세계에서 손꼽히는 민주주의 국가라는 것을 마치 공기는 질소와 산소로 이루어져 있다는 사실처럼 당연하게 여기고 있었으니까요.

과연 그럴까요? 사실 민주주의는 물이나 공기처럼 당연한 것이 아닙니다. 물이나 공기도 이제는 당연하지 않지만 말입니다. 민주주의는 사람들의 생각과 말과 행동이 반영되는 과정이지, 이미 만들어진 완벽한 결과가 아닙니다. 물론 민주주의는 지금까지 존재한 그 어떤 정치 체제보다 튼튼합니다. 하지만 아무리 튼튼한 정치 체제라도 그것을 사용하는 사람들이 잘 쓰고 관리하지 않으면 무너지고 말지요. 같은 연도에 생산된 동일한 모델이라도 어떤 차는 10년이 넘어도 새 차 같고, 어떤 차는 5년 만에 고물차가 되는 것처럼 말입니다. 어떻게 쓰느냐에 따라 달라지는 법이죠.

자동차를 잘 관리하려면 어떻게 해야 할까요? 먼저 그 자동차에 대해 잘 알아야 합니다. 작동 원리, 각 부품의 기능, 구조 같은 것들을 말이죠. 한마디로 사용 설명서를 잘 읽어야 합니다. 나라의 정치 체제도 마찬가지입니다. 나라의 작동 원리, 각 기관의 기능, 구조를 알아야 합니다. 바로 이런 것들이 규정되어 있는 문서가 바로 헌법입니다. 나라의 사용 설명서인 셈이죠.

대한민국 헌법은 대한민국 사용 설명서입니다. 사용 설명서 첫 장에는 기계에 대한 설명이 실려 있어요 . 대한민국 헌법 역시 대한민국이라는 나라를 규정합니다. 그것이 바로 헌법 제1조입니다. 대한민국 헌법 제1조는 다음과 같습니다.

대한민국은 민주 공화국이다.
대한민국의 모든 권력은 국민으로부터 나온다.

　헌법은 나라의 최고법입니다. 나라의 어떤 법도, 어떤 제도도 헌법을 넘어설 수 없습니다. 그러니까 대한민국의 어떤 법과 제도로도 대한민국이 민주 공화국이라는 것, 권력이 국민으로부터 나온다는 원칙을 위반할 수 없지요. 하지만 누구나 다 아는 이 두 문장을 정확하게 이해하는 것은 쉽지 않습니다.

　2024년 12월 3일, 윤석열 대통령의 계엄령 선포를 두고 "비상계엄은 통치 행위 중 하나인데 어떻게 내란이 성립하느냐."라고 말하는 이들이 많았습니다. 헌법의 두 문장을 제대로 이해하지 못한 것입니다.

　여기에는 네 가지 쉽지 않은 개념이 있습니다.

　이 네 개념을 분명하게 설명할 수 있는 사람은 많지 않습니다. 사용 설명서 첫 장을 이해하지 못한 사람이 많다는 뜻이죠. 이해하지 못하면 함부로 사용하게 되고, 결국 고장을 일으키

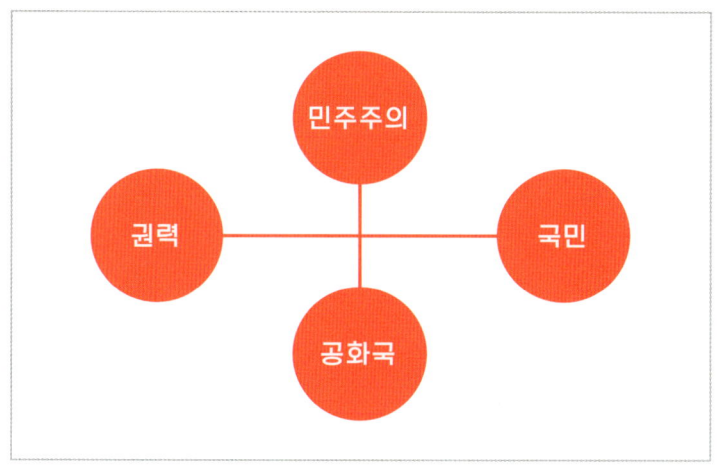

게 됩니다.

민주주의民主主義는 한자 뜻풀이를 따라 '국민이 주인이 되는 정치'라고만 말하기 어려운 복잡한 개념입니다. 당장 북한만 해도 공식적인 이름이 '조선 민주주의 인민 공화국'입니다. 1990년대 이전 독일이 동독과 서독으로 분단되어 있던 시절, 공산당이 통치했던 동독의 이름은 '독일 민주 공화국'이었습니다. 국가 이름에 '민주'가 들어가지만 북한과 동독은 민주주의와 거리가 먼 나라들이라는 사실은 따로 설명이 필요하지 않겠죠. 하지만 정확히 어떤 점에서 북한이나 동독이 민주주의 국가가 아닌지는 설명하기 쉽지 않습니다.

'공화국'이라는 말도 그렇게 간단하지 않습니다. 사전적으로는 왕을 대대로 세습하는 군주 정치가 아닌 국민이 뽑은 대표자가 대신 나라의 일을 결정하는 공화 정치를 선택한 나라를 뜻하는 말입니다. 그런데 앞서도 말했듯이, 북한 역시 공화국이라는 국호를 쓰고 있습니다. 김정은을 부르는 호칭이 적어도 왕은 아니니까요. 하지만 왕만 없으면 공화국일까요? 영국, 스웨덴, 네덜란드 같은 나라들은 왕이 있습니다. 그래서 나라 이름도 공화국Republic 이 아니라 왕국Kingdom 이죠. 하지만 누구나 알고 있습니다. 이들 나라의 왕과 김정은 중 누가 더 큰 권력을 쥐고 있는지, 누가 권력을 독점하고 있는지 말이죠. 통치자가 왕이냐, 아니냐만을 기준으로 공화국을 정의하기 어렵다는 것을 새삼 알 수 있어요.

이렇듯 헌법 첫 줄부터 쉽지 않습니다. 쉽지 않은 것은 공부해서 이해하고 익혀야 합니다. 그래야 대한민국을 고장 나지 않게 잘 쓸 수 있을 테니까요.

다시 자동차를 예로 들어 봅시다. 자동차 주인이 되면 거기에 따르는 책임이 있습니다. 자동차에 대한 지식을 어느 정도 갖추고 평소에 잘 관리해야 합니다. 자동차를 운전하는 바른 방법도 알아야 하고, 교통 법규도 잘 알아야 하죠. 그렇지 않으면 예기치 않은 고장이나 사고가 날지 모르니까요. 주인이 된다는 것은 잘 쓰고 관리하는 책임을 다하는 것이며, 이는 그에 대한 공부에서 시작합니다.

하물며 나라의 주인 노릇을 하려면 얼마나 큰 책임을 지고, 또 이를 위해 얼마나 많이 알고 공부해야 하겠습니까? 물론 공부도 하지 않고, 책임도 지지 않으면서 주인 행세는 하고 싶어하는 사람이 있을 수 있습니다. 심지어 나라에는 아예 관심 두지 않고 나만 잘살면 그만이라는 이기적인 사람도 있을 수 있습니다.

하지만 그렇게 사는 것은 불가능합니다. 어떤 나라에서 살아가느냐가 개인의 삶의 수준이나 방향을 결정하는 경우가 많기 때문이죠. 예를 들어 대한민국에 태어난 여러분은 가난을 걱정할 수는 있어도 생존을 걱정하지는 않습니다. 말 한마디 잘못했다가 체포당할까 봐 두려워하지도 않습니다. 갑자기 경찰이나 군인이 다짜고짜 가족 중 누군가를 끌고 갈 수 있다는 두려움 속에 살지도 않습니다. 아프면 병원에 가고, 공짜로 학교에 다니고, 교과서도 공짜로 받고, 공짜로 학교에서 밥을 먹고, 심지어 태블릿까지 받습니다. 그런데 우리가 당연하게 생각하는 이런 것들이 전혀 당연하지 않은 나라도 많습니다. 대한민국에 태어났다는 이유 하나만으로도 청소년 여러분은 이미 지구에서 상위권으로 출발하는 것입니다.

이런 엄청난 혜택을 여러분은 대한민국에 태어나는 순간부터 자동으로 누리고 있습니다. 하지만 세상에 공짜는 없는 법이죠. 이제 여러분에게는 이 대한민국을 잘 써야 하는 책임이 있습니다. 즉, 대한민국에 대해 잘 알아야 합니다. 무엇보다도 대한민국 헌법 제1조만큼은 분명하게 알아 두어야 해요. 민주주의가 무엇이고 공화국이 무엇인지, 권력이 국민으로부터 나온다는 뜻과 정신은 무엇인지 말이죠.

그런데 민주주의라는 것, 공화국이라는 것, 인권이니 자유니 하는 것들은 쉽게 말할 수 있는 것이 아니에요. 그 말들을 아주 쉽게 하고 그것들을 근거로 자기들을 선으로, 다른 사람들을 악으로 마구 규정하는 사람들이 있다면, 우리는 그런 사람들을 경계해야 합니다.

민주주의에 관한 오해 한 가지만 먼저 풀면 좋겠습니다. 민주주의라는 것은 다수의 의견으로 빠르게 결정하는 것이 아니라, 모든 국민 한 사람, 한 사람을 소중히 여기기 때문에 최대한 많은 의견을 주고받으며 가능하면 더 많은 사람이 납득 가능한 결정을 하는 과정입니다.

특히 공화국을 이상적인 나라의 모습으로 여기는 공화주의는 특정 개인이나 계층 혹은 집단이 아닌, 국민 전체를 위한 공공의 이익을 목표로 삼는다는 사실을 기억하면 좋겠습니다.

이 작은 책이 여러분이 대한민국의 주인이 되는 데 조금이라도 도움이 되기를 바랍니다.

2025년 6월
33년간 사회를 가르쳤던 권재원 드림

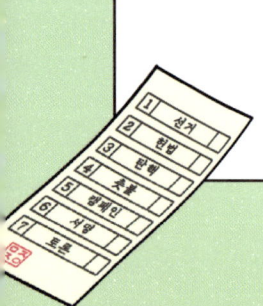

1부

민주주의의 뿌리

우리가 '민주주의'라고 부르는 정치 제도가 원래 우리 말이
아니라는 것을 모두 알고 있을 거예요. 그러니 이 한자를 그대로
풀어서 '국민이 주인이 되는 정치', 이런 식으로 이해하면 오해가
생깁니다. 이 말은 영어 democracy를 옮긴 거예요. democracy는
고대 그리스어 dēmocratia에서 유래했는데, 이 단어는 사람들을
의미하는 민중 demos와 힘이나 지배를 의미하는 kratos의
결합이에요. 한마디로 '사람들이 다스린다.'라는 의미입니다.
특정한 누군가가 다스리는 것이 아니라, 사람들, 즉 다수가
다스린다는 뜻이지요. 이는 지금으로부터 2500여 년 전 고대
그리스의 여러 폴리스(도시 국가) 중 하나였던 아테네의 정치 제도를
일컫는 말이에요. 또한 공화국은 영어의 republic을 옮긴 말입니다.
republic은 라틴어 res publica에서 유래한 단어로,
'공공의 것'을 뜻해요.
이렇듯 민주주의나 공화국이라는 정치 제도를 가장 먼저 실시했던
나라가 고대 그리스의 여러 도시 국가 중 하나인 아테네, 그리고
한때 지중해 세계를 지배했던 고대 로마 공화정이기 때문에 먼저
이 시대와 지역들을 돌아볼 거예요.
이제 민주주의의 뿌리가 자라난 이 시기로 넘어가 공부를 시작해
볼까요?

1

민주주의라는
인류 최고의 발명품

민주주의와 공화국의 기본적인 가치와 제도 대부분은 이미 고대에 만들어졌습니다. 하지만 어디까지나 고대였기 때문에 한계가 있었고, 그것들을 하나하나 고치고 보태면서 오늘날의 민주 공화국이 서서히 형성되어 온 거지요.

따라서 민주주의와 공화국에 대한 공부는 먼저 이 시대를 바탕으로 새로운 것이 추가되고 개선되는 역사 속 과정을 살펴보는 것이 좋습니다.

민주주의는 다수의 지배?

고대 아테네의 정치는 당연히 현재 우리가 민주주의라고 알고 있는 제도와는 달랐어요. 국회나 시 의회를 구성해 운영하는 지금의 대의제가 아니고, 모든 시민이 직접 회의에 참석하고 토론하며 표결하는 직접 민주주의였거든요. 아테네 시민은 법률을 만들거나 공직자를 뽑는 일은 물론 심지어 재판까지도 민회에 모여 직접 결정했어요.

이 글에서는 고대 아테네 민주주의를 이끌었던 대표적인 정치가 페리클레스Pericles의 연설을 중심으로 민주주의의 본질과 조건 몇 가지를 살펴볼게요. 페리클레스는 아테네에서도 가장 유명한 정치가였습니다. 아테네의 전성기를 이끈 지도자일 뿐 아니라, '민주주의'가 어떤 정치인지를 규정한 훌륭한 연설문을 남겼지요. 이 연설문은 지금까지도 민주주의의 개념을 설명한 가장 훌륭한 문헌으로 손꼽히고 있습니다. 여기에 현대적 요소가 보태지고 제도적으로 정교화된 것이 오늘날의 민주주의라 해도 과언이 아닙니다. 우선 페리클레스는 이렇게 말했습니다.

민주주의의 뿌리이자 고향인 도시 국가 아테네.
아테네인은 시민이 주체인 민주주의를 작동시키기 위한
도시 건축 공간(아고라 등)과 제도를 따로 마련했다.

"우리의 정체政體는 민주정이라 불립니다. 권력이 소수에게 있는 것이 아니라 다수에게서 나오기 때문입니다."

이 말은 민주주의의 핵심을 정확하게 짚고 있는 명문으로 꼽힙니다. 민주주의가 무엇인가 한마디로 정의해라, 그러면 이 말보다 더 좋은 표현을 찾기 어렵지요. 민주주의란 특권층이 아니라 보통 사람들의 뜻이 정치에 반영되는 제도라는 것이죠. 그러나 이 말에는 오해의 소지도 있어요. 다수의 뜻이 항상 옳은가? 혹은 다수가 원하는 대로 하는 것이 언제나 정의로운가? 이런 문제가 나타납니다.

민주주의란 '다수의 통치'라고 요약할 수 있지만 이 말을 오해하면 안 됩니다. 무조건 다수가 옳다거나 다수의 뜻대로 정치가 이루어진다는 뜻이 아니니까요. 그건 민주주의가 아니라 다수의 횡포, 다수의 독재죠. 다수결은 민주주의의 가장 중요한 의사 결정 수단이지만, 다수결로 의사 결정을 내리는 일이 반드시 민주주의가 아니라는 것을 명심해 둡시다.

이 문제를 깊이 고민했던 철학자가 있었어요. 바로 서양 철학의 뿌리라 불리는(영국 철학자 앨프리드 화이트헤드Alfred Whitehead는 서양 철학은 모두 '플라톤에 대한 해설'이라고 했습니다.) 플라톤Platon이

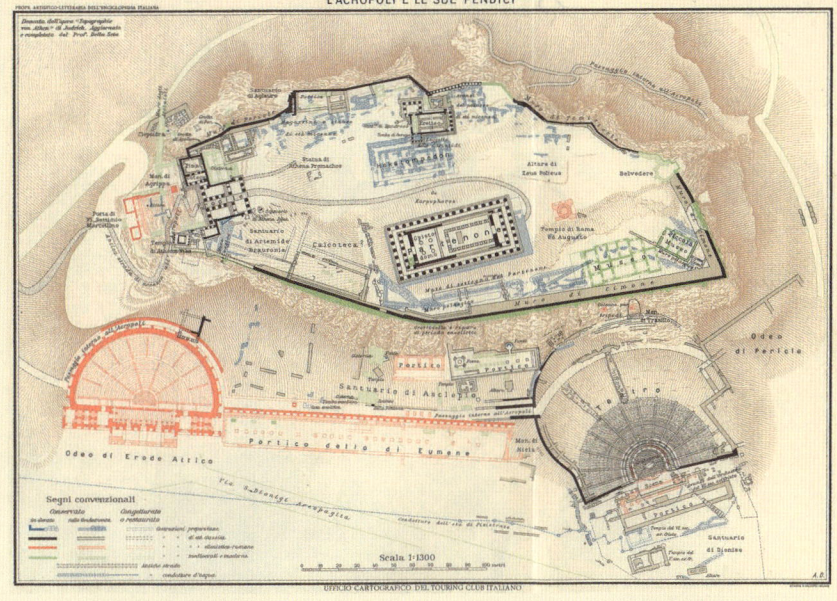

▲ 고대 아테네 민주주의의 산실 아고라 지역. 민주주의가 탄생한 공간과 시스템을 확인할 수 있다.

◀ 아테네 민주주의는 독재자가 될 위험성이 있는 인물의 이름을 도자기 파편 조각에 적어 내게 해 나라 밖으로 쫓아 버리는 도편 추방제를 실시할 정도였다. 그만큼 시민의 뜻이 중요했다.

아테네의 전성기를 이룬 페리클레스가
통치한 30년 동안 아테네는
정치, 철학, 예술 분야에서
빛나는 발전을 이뤘고,
지중해 무역으로 부를 축적했다.

PERICLES.

에요. 플라톤은 스승 소크라테스Socrates가 아테네 시민의 투표로 사형당하는 충격적인 사건을 목격했지요. 다수결을 통해 무고하고 현명한 철학자를 죄인으로 몰아 죽인 것입니다. 그래서 플라톤은 다수의 의견이 언제나 현명하지는 않다는 점을 비판하고, 민주주의는 때로 감정에 휘둘리는 다수가 권력을 휘두르는 군중 정치폭민 정치로 전락할 위험이 있다고 경고했습니다.

그렇기 때문에 우리는 '다수의 지배'라는 민주주의의 기본 원칙을 무작정 따르는 대신, 그 다수가 누구인지 그리고 어떻게 결정에 도달했는지를 함께 따져야 합니다. 단순히 인원이 많은 쪽이 무조건 이기는 것이 아니라, 깊은 논의와 숙고를 거쳐 형성된 다수의 의견만이 진정한 민주주의의 힘이 될 수 있기 때문이지요.

법 앞의 평등

민주주의가 다수의 지배라는 원칙에 기반한다고 해도, 다수의 그 결정이 모두에게 공정하게 작용하려면 필요한 것이 있어요. 바로 법 앞의 평등입니다. 한마디로 법은 누구에게나 똑같이 적용되어야 한다는 것이죠.

페리클레스는 다음과 같이 말했어요.

"우리의 법은 모두에게 똑같이 적용됩니다."

이 말은 단순한 이상이 아니라, 민주주의가 제대로 작동하기 위한 전제 조건이에요. 법이 누구에게는 느슨하고 누구에게는 엄격하게 적용된다면 아무리 다수결을 해도 그것은 공정한 정치가 아니지요.

법은 시민들이 함께 정한 약속이기 때문입니다. 약속의 본질은 서로 지킨다는 것입니다. 한 사람만 지키고 다른 사람은 안 지켜도 되면 약속이 깨지는 거죠. 그래서 법이 공정하게 지켜지지 않는다면, 그 약속은 의미를 잃게 되고, 다수의 결정보다는 지키지 않아도 되는 소수의 권력이 더 큰 힘을 갖게 되지요.

하지만 법이 우리에게 주는 인상은 좀 딱딱하고 억압적입니다. 이 때문에 '민주주의' 하면 법을 떠올리기 쉽지 않습니다. 학교 규칙을 생각해 보세요. 온통 하지 말라는 것투성이입니다. 하지만 우리가 할 수 있는 일과 할 수 없는 일, 해야 하는 일등을 정하는 규칙이 없다면 세상이 어떻게 될까요? 힘이 센 사람은 제멋대로 구는 반면, 힘없는 사람은 아무것도 못하고 덜덜 떠는 야만적인 세상이 될 것입니다.

우리가 해야 할 것, 하지 말아야 할 것을 정해 두는 규칙에는 법 말고도 여러 종류가 있습니다. 관습, 종교, 도덕 역시 할 수 있는 일, 할 수 없는 일, 해야 하는 일을 정하고 있지요. 하지만 이들은 법보다 민주적일 수 없습니다. 이 규칙들을 지키는 과정에서 불평등한 관계가 발생할 수밖에 없기 때문이죠.

1. **관습**: 공동체 내에 오랫동안 전해 내려온 규칙입니다. 구성원들이 합의한 것이 아니라 "옛날부터 그랬다."라거나 "원래부터 그런 거다." 같은 식으로 전승된 것입니다. 누가 정했는지도 모르고 그 이유도 모호합니다. 이 경우, 공동체에서 나이 들고 경험 많은 사람과 젊고 경험 적은 사람 사이에 불평등한 관계가 발생할 수밖에 없습니다.

2. **종교**: 당연히 성직자와 일반인 사이에 불평등이 발생합니다. 종교의 여러 규칙은 신의 명령, 혹은 신과의 약속이라는 형태로 존재합니다. 무당이든 신부든 성직자든 이들은 사람과 신 사이의 메신저 역할을 하는 존재입니다. 그러니 신의 뜻, 신의 계시를

근거로 더 우월한 위치를 차지할 수밖에 없습니다.

3. **도덕:** 도덕 역시 평등하지 않습니다. 높은 도덕적 명망을 얻은 사람은 보통 사람에 비해 도덕이라는 규칙에 대해 다른 지위를 가집니다. 또한 도덕은 기본적으로 개인적인 규칙입니다. 도덕의 판단 기준은 양심이니까요. 만약 저마다 자기 양심만 따르는 사회라면 아마 자신이 옳다는 신념을 가진 사람들 간의 다툼으로 공동체가 유지되기 어려울 것입니다.

이 규칙들은 모두 시키는 사람과 따르는 사람이 구별됩니다. 반면 법은 누구나 참여할 수 있는 공공의 절차를 거쳐 만들어지며, 국가라는 이름으로 강제되는 규칙이에요. 즉, 법은 구성원들이 합의한 약속이며, 국가의 힘, 즉 공권력을 통해 강제되는 규칙입니다. 법을 만드는 과정에서 평등이 지켜졌다면 이 약속을 지켜야 할 의무 역시 모두에게 똑같이 주어집니다. 이 법이 '시민의 약속'으로 만들어졌는가, 그리고 모두가 똑같이 지켜야 하는가, 이 두 가지가 민주주의의 핵심 포인트인 셈입니다.

여기서 고대 철학자 아리스토텔레스Aristoteles의 견해가 흥미로워요. 그는 시민이란 단순히 법에 복종하는 존재가 아니라, 법을 만들고 집행하는 사람이어야 한다고 했어요. 또한 민주

"우리의 정치 체제는 민주주의입니다. 그 까닭은 권력이 소수가
아니라 다수로부터 나오기 때문이며, 누구나 동등하게 법의 적용을
받기 때문입니다."

펠로폰네소스 전쟁 희생자들의 장례식에서 연설하는 페리클레스.
필립 폴츠(Philipp Foltz), 1852.

주의 국가의 시민은 통치자인 동시에 피통치자여야 하며, 그렇기에 법을 만드는 능력과 지키는 태도를 모두 갖춰야 한다고 보았어요.

그 말은 곧 민주주의 사회에서 교육이란 '지시를 잘 따르는 법'만 가르쳐서는 안 된다는 뜻입니다. 법을 만들 수 있을 정도로 사고하고, 이해하고, 책임지는 시민을 길러야 민주주의가 살아남을 수 있고 유지될 수 있다는 뜻입니다.

민주주의의 등식, 자유

민주주의를 이야기할 때 항상 빠지지 않고 등장하는 단어가 있어요. 무얼까요?

바로 자유입니다. 초등학생도 민주주의가 뭐냐고 물어보면 자유와 평등을 대답하곤 하지요. 하지만 자유라는 말은 너무 자주 쓰이다 보니, 오히려 그 뜻이 불분명해지거나 오해되기 쉬워요.

"하고 싶은 대로 하는 게 자유 아니야?"라고 생각하기 쉽지만, 민주주의에서의 자유는 그보다 훨씬 더 정교하고 균형 잡힌 개념이에요.

고대 아테네를 이끌었던 정치가 페리클레스는 자유에 대해서 이렇게 설명했어요.

"우리의 정치 생활이 자유롭고 개방적인 것처럼, 일상생활 역시 그러합니다. 이웃이 자신의 방식대로 삶을 즐긴다면 우리는 그에 간섭하지 않습니다."

여기에는 두 가지 종류의 자유가 담겨 있어요.

하나는 공동체에 참여할 수 있는 정치적 자유, 다른 하나는 사적인 생활에 간섭받지 않는 개인적 자유예요. 이 개념은 훗날 존 스튜어트 밀John Stuart Mill 이라는 사상가가 이름을 붙이면서 '적극적 자유'와 '소극적 자유'로 알려지게 되지요.

적극적 자유는 '정치 참여의 자유'를 의미합니다. 아테네에서는 시민이라면 누구든 민회에 참석해 정책을 논의하고 투표할 수 있었어요. 이는 곧 '내가 나라의 일에 대해 말하고 행동할 수 있는 자유'죠. 정당을 만들고, 집회를 열고, 자신의 생각을 표현하는 권리. 이게 바로 민주주의가 보장하는 적극적인 자유예요. 적극적 자유가 중요한 이유는, 이것이 없으면 누군

대한민국 국회의사당 본회의장의 모습.
공공 이익의 실현을 위해
정치적 견해를 같이하는 조직을 정당이라고 한다.
의회 정치는 '민주주의의 꽃'으로도 불린다.

가의 의견만이 사회에 반영되고, 나머지는 침묵하게 되기 때문이에요. 자유는 내가 말하고 싶을 때 말할 수 있어야 하고, 나의 생각이 틀렸더라도 그걸 말해 볼 수 있어야 의미가 있어요. 옳고 그름은 토론과 투표로 결정되는 것이지, 처음부터 말할 기회를 주지 않으면 그것은 민주주의가 아니지요.

적극적 자유와 함께 가는 것이 바로 개방성입니다. 개방성은 생각이나 주장에 어떤 금기도 없다는 뜻입니다. 어떤 주장이나 제안을 하기도 전에 '감히 그런 주장을 할 수 있을까?' 하는 걱정이나 두려움을 느끼게 된다면, 정치 생활의 자유는 시작 단계에서부터 가로막힙니다. 개방성은 자신의 생각뿐 아니라 다른 사람의 생각도 받아들이는 태도를 요구해요. 자신의 생각과 다른 주장이나 제안을 듣더라도 '나는 찬성하지 않지만 저렇게 생각할 수도 있다는 것은 인정한다. 하지만 나는 반대표를 던지겠다.'라고 생각할 뿐, '감히 저런 말을 하다니 나쁜 사람 같으니라고. 당장 쫓아내거나 잡아들여야 해.'라고 받아들이지 않는 것, 이것이 바로 개방성이지요. 가령 미국이나 일본에는 공산당이 정당의 형태로 존재합니다. 공산당을 설립했다는 이유만으로 체포되지 않습니다. 그들의 주장에 동조하는 이들이 거의 없어 유의미한 세력이 되지 못할 뿐, 활동을 제한당하지도 않습니다. 무장 혁명을 시도하거나 모의하지 않았 다면 말이죠.

이같이 어떤 주장이나 생각에 대한 판단을 시민에게 맡기는 것이 개방된 정치입니다. 국가나 정부 혹은 권위 있는 누군가가 어떤 주장이 옳고 그른지를 미리 판가름하지 않는 것이죠. 잘못된 주장을 한다면 다수의 반대로 부결시키면 그만입니다. 시민에게 그 정도 분별력이 있다고 믿는 것입니다. 그런 믿음 없이 어떻게 민주주의가 가능할까요?

만약 어떤 주장을 했다고 처벌받거나 보복당하거나 사회적으로 매장될 수 있는 정치적으로 폐쇄된 사회라면 어떤 일이 일어날까요? 사람들은 솔직하게 주장하고 다수를 설득하는 대신에 다수가 듣기 좋아하는 말, 해도 되는 말만 할 거예요. 이런 나라에서는 아무리 다수결이 이루어진다 해도 민주주의라고 말하기는 어렵습니다.

한편 소극적 자유는 '개인적인 삶의 자유'를 뜻해요. 내 취향이나 사생활에 대해서는 누구의 간섭도 받지 않을 권리가 누구에게나 있어요. 내가 어떤 옷을 입든, 어떤 책을 읽든, 무슨 음악을 좋아하든, 그건 타인이 평가하거나 간섭할 일이 아닙니다.

2500년 전에 이미 페리클레스는 말했습니다.

"우리는 실질적인 해를 가하지 않는 한 타인의 삶에 간섭하지 않으며, 감정을 상하게 할 표정조차 짓지 않습니다."

이런 태도가 바로 관용이에요. 상대의 의견이나 취향이 나와 다를지라도 그럴 수 있다고 인정하고 받아들이는 마음입니다. 민주주의에서 자유란 단순히 내가 하고 싶은 것을 할 자유만이 아니라, 타인도 그럴 수 있도록 인정하는 태도까지 포함합니다. 하지만 이 자유가 무제한으로 허용되는 것은 아니에요. 중요한 조건이 있다는 뜻입니다. 민주주의 사회에서 '자유'는 공동체의 안전과 타인의 권리를 침해하지 않는 범위에서만 보장됩니다.

"나는 내 마음대로 말할 자유가 있어!"라며 타인을 모욕하거나 혐오 표현을 퍼뜨리는 것은 민주주의의 자유가 아니라, 자유를 오해한 결과라는 것을 기억해야 해요.

2

민주주의와 공동체

평등 × 불평등의 과제

민주주의의 핵심은 평등입니다. 하지만 불평등이 없는 사회는 없어요. 민주주의라 할지라도 말입니다. 그렇다면 질문이 생깁니다.

"민주주의 사회에서 불평등은 정당화될 수 있을까?"

고대 아테네 민주주의 역시 여성, 외국인, 노예를 배제한 불평등한 제도였습니다. 하지만 진짜 중요한 것은, 민주주의는 완성된 제도가 아니라 계속 고쳐 나가는 제도라는 점입니다.

고대 아테네에서 시작된 이 정치 제도는 이후 수천 년 동안 많은 사람의 비판과 수정을 거치며 발전해 왔습니다. 그러면서 점점 더 평등에 접근했지요.

민주주의 사회에도 불평등은 존재합니다. 하지만 그 불평등은 다음과 같은 이유로 정당화됩니다.

1. 다른 사람보다 더 많은 보상(수입이나 지위)을 받는 사람은 존재하지만, 그럴 수 있는 기회가 모든 사람에게 똑같이 주어져야 합니다. 이 기회가 출신, 신분, 성별, 종교, 인종 등의 이유로 막히거나 제한된다면 불평등은 정당화될 수 없고, 그런 나라는 민주주의 국가라고 말할 수 없습니다. 민주주의가 이루어지는 나라에서는 누구나 재능과 노력이 있다면 더 많은 부와 높은 지위를 누릴 기회가 주어져야 합니다.

2. 본인의 재능과 노력이 아닌 출신이나 신분 등이 이 기회의 평등을 왜곡하지 않도록 하는 제도가 계속 만들어집니다. 아무리 기회가 평등하게 주어진다 하더라도 가난한 집에 태어난 학생이 부잣집에 태어난 학생과 공정한 경쟁을 할 수는 없습니다. 따라서 민주주의 국가에서는 이런 '날 때부터의 차이'가 실제 재능과 노력을 왜곡하지 않도록 가난하고 취약한 계층의 어린이들에게

특별한 지원을 해 줍니다.

3. 이 불평등은 공동체 전체의 이익, 특히 공동체에서 가장 취약한 사람들에게 이익이 되기 때문에 허용됩니다. 여러 사회적 지위 중에는 공동체에 특히 더 중요한 일, 더 어렵거나 위험한 일, 혹은 앞에서 말한 취약 계층을 돕는 데 필요한 일을 맡는 지위가 있습니다. 이런 일을 담당하는 이들에게 더 많은 보상을 줌으로써 우수한 사람들이 이런 일을 담당하게 된다면 그 혜택은 공동체 전체, 특히 취약한 계층에게 돌아갑니다.

물론 민주주의 국가의 모든 불평등이 이런 이유로 정당화되지는 않습니다. 이른바 금수저들이 흙수저들보다 더 유리한 것은 사실이지요. 하지만 민주주의의 가장 중요한 특징은 불평등을 완전히 해소하여 모두 똑같아지는 것이 아닙니다. 불평등을 해소하고, 또 그 불평등이 공동체와 취약한 사람들에게 이익이 되도록 조정하는 노력이 계속된다는 것이 핵심입니다.

완전한 평등은 실현 가능하지도 않고, 또 올바르다고 하기도 어렵지요. 우리는 이제 평등-불평등 문제를 다른 각도에서 바라볼 필요가 있습니다.

모든 불평등의 해결은
민주주의 국가의 중요한 과제가 되고 있다.
공정한 기회균등을 확보하고 제공하는 것은
민주주의의 원칙이다.

1. **기회의 평등**: 모든 사람이 똑같은 결과를 가질 수는 없습니다. 하지만 같은 출발선에서 시작할 수 있는 기회는 모두에게 보장되어야 합니다.

페리클레스는 이렇게 말했어요.

"누구나 능력과 의지가 있다면, 국가를 위해 봉사할 기회를 얻습니다."

민주주의는 출신이나 배경, 성별, 신분 때문에 기회조차 얻지 못하는 일이 없도록 만드는 체제입니다. 그래서 현대 민주 국가에서는 교육, 장학금, 복지 등을 통해 불리한 위치에 있는 사람들에게 추가적인 지원을 합니다. 이것은 불공정한(불평등한) 특혜가 아니라, 기회의 평등을 위한 조정 장치입니다.

2. **차이는 오직 노력과 책임에서**: 모든 사람이 똑같은 부와 지위를 누릴 수는 없습니다. 중요한 것은 그 차이가 정당한가 하는 것입니다.

페리클레스는 또 이렇게 말했어요.

"부자는 부를 자랑하지 않고, 가난한 사람은 그 상황을 부끄러워하지 않습니다. 단지 부끄러워해야 할 것은 그것을 극복하려는 노력을 게을리하는 것입니다."

이 말은 단지 "열심히 해라."라는 뜻이 아니에요. 능력과 노력에 따라 보상이 주어질 수 있어야 하고, 그 보상이 공동체 전체에 도움이 되어야 한다는 뜻이에요. 부자가 된 사람은 더 큰 책임과 봉사의 의무를 갖고, 가난한 사람은 도전을 포기하지 않아야 한다는 철학이죠.

아리스토텔레스가 바로 이렇게 이 논리를 발전시킵니다. '민주정과 귀족정의 장점을 합친 혼합 정체政體'를 주장한 것이죠. 모두가 똑같을 수는 없지만, 중간 계층이 중심을 잡고, 불평등이 공공의 이익을 위해 조절될 수 있을 때 민주주의가 더 오래 지속될 수 있다고 본 거예요. 오늘날의 민주주의는 오히려 아리스토텔레스의 혼합 정체에 더 가까운 모습입니다.

모든 시민의 정치 참여

민주주의 사회에서는 평범한 사람들도 특권층과 동등한 발언권과 참정권을 가지고 있습니다. 누구나 투표에서 한 표씩 행사하죠. 그런데 다수결로 의사 결정을 한다면 아무래도 특권층보다 수가 더 많은 보통 사람들의 뜻이 반영될 가능성이 크지요. 문제는 다수의 뜻이 반드시 올바르지는 않다는 것입니다.

가령 선생님이 서른 명의 학생에게 "오늘 공부할까요, 아니면 게임을 할까요? 다수결로 정합시다."라고 물어보았다고 합시다. 그래서 다수의 뜻에 따라 수업을 하지 않고 게임을 하며 놀았다면, 올바른 결정을 내렸다고 할 수 있을까요?

민주주의가 제대로 작동하려면 매사를 다수결로 결정해서는 안 됩니다. 먼저 그 다수가 주인다움의 자격을 갖춘 다음에 다수결로 결정해야 합니다. 무언가의 주인이 되려면 그것에 대해 잘 알아야 하고 아끼는 마음이 있어야 하고요. 민주주의가 제대로 작동하려면 무엇보다도 결정하려는 사안에 대해 잘 아는 사람들이 다수가 되어야 합니다.

그런데 무언가에 대해 잘 알려면 어떻게 해야 할까요? 여러분, 공부를 생각해 보세요. 시험을 앞두고 벼락치기로 공부하는 사람과 평소에 관심을 갖고 꾸준히 공부하는 사람 중 누가 문제를 더 잘 이해할까요? 민주주의도 마찬가지예요. 평소에 자신이 속한 공동체의 일에 관심을 갖고, 공부하고, 의사 결정 과정에 참여해 보는 것이 중요합니다. 어쩌다 한 번 관심을 가지거나 투표 한 번 하고 할 일 다했다고 여기는 것이 아니라는 뜻이지요.

민주주의는 단순히 투표를 한다고 이루어지는 제도가 아닙니다. 진짜 민주주의는 투표 전과 후에 더 필요해요. 민주주의의 진짜 힘은, 시민이 정치에 관심을 가지고 적극적으로 참여할 때 발휘되기 때문이죠.

고대 아테네는 공동체의 참여라는 지점에서 독특한 정치 문화를 가지고 있었어요. 앞에서도 말했듯이, 아테네에서는 소수의 대표가 정치를 맡는 대의제가 아니라, 시민 모두가 실제로 참여하는 직접 민주주의가 이루어졌습니다. 정책을 정하거나 공직자를 선출하는 일뿐 아니라, 재판까지도 시민이 직접 참여했어요. 민회에 참석한 시민은 자유롭게 발언했고, 찬반을 나눠 표결을 통해 결정했습니다.

게다가 아테네에는 특별한 제도들이 있었어요. 공직자의 상당수를 투표도 아닌, 추첨으로 뽑았습니다. 어차피 모든 시민은 평등하니 아무나 맡아도 상관없다는 것이죠. 또 특정한 인물이 권력을 남용하지 못하도록 지나치게 영향력이 큰 사람은 투표를 통해 나라 밖으로 내쫓아 버리는 도편 추방제 장치까지도 마련했어요. 독재자라서가 아니라 독재자가 될 것 같아서 쫓겨난 겁니다.

그럼에도 정치에 참여하지 않는 시민도 있었을 거예요. 어쨌든 그건 자유니까요. 하지만 페리클레스의 말을 빌리면, 그런 시민은 사회생활이 좀 어려웠을 것 같습니다. 그는 이렇게 말했거든요.

"우리 각자는 자신의 일뿐 아니라, 도시 국가의 일에도 관심을 기울입니다. 우리는 정치에 무관심한 사람을 '자기 일에만 신경 쓰는 사람'이라고 부르지 않고, '아테네와 아무 상관 없는 사람'이라고 부릅니다."

여기서 말하는 '아무 상관 없는 사람'은 그리스어로 idiotes였고, 이것이 오늘날 '바보'를 뜻하는 영어 idiot의 어원이에요. 즉, 정치에 무관심한 사람=공동체에 무책임한 사람=바보, 이렇게 연결되는 것이지요. 공부를 못하는 사람이 아니라 공동체에 무관심한 사람이 바보의 어원이라니 참 놀랍지 않나요?

정책 입안과 토론을 위한 민주주의의 전당이 오늘날의 국회다.
대한민국(위), 미국(가운데), 프랑스(아래)의 국회의사당 전경.

여러분은 어떤가요? 정치에 관심을 가지고 참여하는 생활을 하고 있나요? 청소년이 무슨 정치에 관심이냐, 정치 참여냐 할 수도 있어요. 그런데 정치 참여가 꼭 정당 활동이나 시위에 나가는 것을 말하는 건 아니에요.

- 뉴스를 보고 세상일에 관심을 가지는 것.
- 주변 사람과 의견을 나누는 것.
- 공공 문제에 관해 자신의 생각을 가져 보는 것.

이 모든 것이 정치 참여의 시작입니다.

민주주의는 토론이다

민주주의는 단순히 다수결로 결정하는 체제가 아닙니다. 다수가 반드시 올바른 결정을 하는 것이 아니라는 것도 꼭 생각해 두어야 해요. 모든 사람이 결정할 사안에 대해 충분히 이해하고 생각한 다음에 다수결을 해야 진정한 다수결입니다.

공동체에 관심을 가지고 참여하는 시민이라면 아마 자기 의견이 소수라 해도 순순히 물러서지는 않을 것입니다. 공동체의 일을 내 일처럼 여기며 내린 판단인데, 같은 뜻을 가진 사람이 적다고 쉽게 포기할 수는 없습니다. 여러분은 부모님이나 사랑하는 누군가가 자신과 뜻이 다르면 그냥 포기하나요? 그러지 않습니다. 설득을 시도하죠. 안 되면 할 수 없지만, 설득도 해 보지 않고 포기한다면 이는 공동체의 일에 무관심하다는 증거입니다.

따라서 민주주의에 참여하는 시민은 단지 투표만 하는 것이 아니라 자신의 주장이 다수의 지지를 얻도록 부지런히 설명하고 설득합니다. 하지만 그건 다른 의견을 가진 사람들도 마찬가지겠죠. 따라서 민주주의가 이루어지는 공동체에서는 덮어놓고 다수결로 의사 결정을 하지 않습니다.

다수결은 결과일 뿐, 진짜 민주주의는 그 결과에 이르기까지의 과정에 존재하는 것입니다. 그 핵심이 바로 토론, 즉 의견을 나누고, 듣고, 설득하는 과정이에요.

고대 아테네 민주주의의 핵심이 바로 토론이었습니다. 법안이나 결정할 것이 있을 때 바로 투표해서 다수결로 정하는 경우는 거의 없었고, 일단 토론부터 했습니다. 아주 많이, 오래. 시민은 민회에 모여 법안을 논의할 때 누구든 자신의 생각을 말할 수 있었고, 그 의견에 대해 다른 시민들이 반박하거나 지지하며 토론했어요.

페리클레스는 이렇게 말했습니다.

"우리는 정책 결정을 우리 스스로 내리거나, 혹은 적절한 토의에 부칩니다. 충분한 토론 없이 행동하는 것은 가장 나쁜 일입니다."

이 말은 충분한 대화 없이는 어떤 결정도 올바를 수 없다는 점을 강조하고 있지요. 민주주의는 감정이나 소문에 휘둘리지 않고 정보와 이성을 바탕으로 결정하는 체제이기 때문에, 그 어떤 체제보다 말하고 듣는 문화가 중요합니다.

공동체의 주인인 시민은 주인다워야 하기 때문에 투표로 결정하기 전에 먼저 당면한 과제나 쟁점에 대해 충분히 공부하고 여러 대안을 검토하는 정성을 들여야 합니다.

페리클레스는 아테네가 개방적이라고 말했습니다. 사람마다 어떤 쟁점에 대한 생각이 다르고, 취향이 다르고, 가지고 있는 지식이나 정보도 다르다는 것을 인정하는 것이죠. 그렇다면 이 다양한 생각과 취향, 지식, 정보를 공동체가 충분히 공유해야 합니다. 그렇게 결정해야 하는 사안에 대해 이해할 수 있게 된 사람들이 다수가 되었을 때 비로소 투표가 이루어져야 하지요.

이 과정에서 말과 글이라는 형태로 서로의 생각을 표현해야 합니다. 그렇게 말하고 듣는 과정에서 서로 다른 정보를 교환하고, 자신이 알고 있는 정보가 올바른 것인지 점검할 수 있습니다. 그러고 나면 원래 생각이 더 굳건해질 수도 있고, 바뀔 수도 있고, 완전히 새로운 대안이 떠오를 수도 있습니다.

토론은 단순히 내 주장을 외치는 것이 아닙니다. 타인의 말에 귀를 기울이고, 필요하다면 내 생각을 바꾸는 유연함 또한 포함됩니다. 민주주의 사회에서는 내가 옳다는 확신보다, 공동체가 더 나아지도록 함께 생각하는 태도가 중요하거든요.

이와 관련해 플라톤은 감정적인 주장이나 인기 있는 말에 사람들이 쉽게 휘둘리면 민주주의나 다수결이 왜곡된다며 우려했어요. 그래서 다수결이 아니라, 철학자처럼 지혜로운 사람이 다스리는 것이 더 낫다고 보았습니다.

하지만 오늘날 민주주의는 플라톤의 문제 제기를 수용하면서도, '그렇다면 시민을 더 잘 교육하면 되지 않을까?'라는 방식으로 발전해 왔습니다. 정보를 정확히 전달하고, 다양한 입장과 생각을 듣고, 비판적으로 사고하는 능력을 기르는 것이 민주주의의 생명력을 유지하는 열쇠가 된 것이죠. 지금 여러분이 하는 것처럼요.

민주주의는 찐행형이다

고대 아테네에서 시작된 민주주의는, 수많은 시행착오를 겪으며 현재의 모습으로 발전해 왔어요. 그 과정에서 플라톤과 아리스토텔레스 같은 철학자들의 비판과 제안도 반영되었고, 현대에 들어와서는 다양한 제도와 가치가 민주주의라는 이름 아래 공존하고 있지요.

거듭 강조하지만 민주주의는 완성된 제도가 아닙니다. 오히려 끊임없이 고치고 점검해야 하는 열린 구조이지요. 그 핵심에는 항상 똑같은 질문이 있어요.

"지금 이 정치 제도는 정말로 시민 모두에게 권력을 나눠 주고 있는가?"

이 질문을 멈추지 않을 때, 우리의 민주주의는 더 건강해지

고 더 강해집니다. 민주주의는 '있는 그대로 유지되는 것'이 아
니라, 끊임없이 개선하고 참여하는 시민 덕분에 유지되는 것
이니까요.

3

로마에 가면
로마 법을 따르라
—
공화국이라는 작동 기계

    민주주의의 기원을 살펴보았으니 이제 공화국에 대해 살펴볼까요?

    고대 아테네가 민주주의의 발상지라면, 공화국의 발상지는 고대 로마입니다. 고대 아테네의 민주주의가 시민이 권력의 주인이 되는 일에 집중했다면, 고대 로마 공화국은 누구도 권력을 독점하지 못하게 하는 데 집중했습니다. 또 고대 아테네가 민주주의의 정신과 가치를 만들었다면, 고대 로마는 오늘날까지도 사용되는 민주주의의 주요 제도를 만들었습니다. 민주주의가 원리라면 공화국은 그것이 실제로 작동하게 하는 기계인 셈입니다.

국가는 공동의 재산 _ 공화국의 탄생

민주주의의 어원이 '다수인민의 통치'라면, 공화국의 어원은
'공동의 것'이라고 했습니다. 이 말은 나중에 영어로 옮겨지면
서 Commonwealth가 되지요. 국가는 '공동의 재산'이라는 뜻이
에요. 이처럼 나라가 특정한 개인이나 특정한 신분, 혹은 다수
인민의 것이 아니라 '모두'의 것이라는 의미가 공화국이라는
말에 담겨 있습니다. 물론 로마 역시 아테네와 마찬가지로 노
예 제도가 있었고 여성은 정치에 참여할 수 없었다는 한계가
있었지만, 지금으로부터 2000년도 더 전에 존재했던 나라라는
점을 감안해야 합니다.

'로마는 하루아침에 이루어지지 않았다.'라는 격언이 있습
니다. 흔히 로마가 처음부터 강대국은 아니었으며, 어느 날 갑
자기 강대국이 된 것도 아니라는 의미로 쓰이는 말이지만, 이
는 공화국에도 마찬가지로 적용됩니다. 로마가 세워질 때부터
공화국은 아니었으며, 로마 공화국의 여러 제도 역시 하루아

침에 만들어진 것은 아니니까요.

로마 역시 처음에는 왕국으로 출발했습니다. 그런데 왕이 순순히 권력을 내주고 공화정을 받아들였을 리 없습니다. 로마의 공화정은 거저 얻은 것이 아니라 피 흘려 쟁취한 것이며, 이후에도 여러 차례 닥친 위기를 하나하나 극복하며 수백 년을 이어 간 것입니다.

로마인들은 왜 왕정을 무너뜨리고 공화국을 세웠을까요? 사실 모든 왕이 무소불위의 권력을 휘두르는 폭군은 아닙니다. 때로는 아주 훌륭하게 임금이 통치하여 민주주의 국가보다 더 나은 나라가 될 수도 있지요.

문제는 이게 순전히 왕 한 사람 마음먹기에 달렸다는 것입니다. 아주 훌륭한 임금이 있다고 합시다. 그런데 이 임금이 갑자기 자신의 탁월한 통치에 신하와 백성들이 고마워하지 않는다고 느껴 화가 나 포악한 통치를 한다면 어떻게 할까요? 어찌할 방법이 없습니다. 그냥 운이 나쁜 겁니다.

혹은 훌륭한 임금이 나라를 위해, 백성을 위해 옳다고 믿으며 펼치는 정책이 있는데, 실은 백성들이 이 때문에 고통을 받는다고 합시다. 하지만 임금이 "당장은 힘들더라도 멀리 보면 이게 옳다."라며 고집을 부린다면 어떻게 할까요? 이 역시 어찌할 방법이 없습니다.

이것이 군주정의 가장 큰 문제입니다. 참고로 우리나라에서는 늘 왕이 나라를 다스렸지만 유럽에서는 황제, 왕, 공작, 후작 등 임금의 종류가 다양하기 때문에 이를 통칭하여 군주정, 군주제monarchy 라고 부릅니다. 권력자arch 가 하나mono 라는 뜻입니다.

로마 왕국에는 훌륭한 왕도, 폭군도 있었습니다. 특히 루키우스 타르퀴니우스 수페르부스Lucius Tarquinius Superbus 라는 폭군 때문에 많은 시민이 고통받았지요. 그리하여 로마인들은 마르쿠스 브루투스Marcus Brutus 를 지도자로 삼아 폭군에 맞서 싸웠고, 마침내 폭군 타르퀴니우스를 왕위에서 끌어냈습니다. 우리나라나 중국의 고대 역사에서는 이렇게 폭군을 몰아낸 지도자가 새로운 왕조를 여는 과정이 반복됩니다. 하지만 로마인들은 폭군을 몰아낸 뒤 훌륭한 사람을 새로운 임금으로 앉히는 것은 의미가 없다고 판단했습니다. 폭정의 원인이 타르

로마 왕정의 마지막 왕으로
알려진 타르퀴니우스.

폭군 타르퀴니우스에 맞서는 브루투스.
〈브루투스의 맹세〉, 프랑수아조제프 나베즈(François-Joseph Navez), 1845 이전.

퀴니우스라는 개인 때문이 아니라, 견제받지 않는 권력과 그런 권력을 독점하는 제도에 있다고 본 것이죠.

이때 로마인들은 한 사람이든 소수든 다수든, 특정한 개인이나 집단이 권력을 독점하는 것, 독점한 권력이 견제받지 않는 것을 모두 폭정으로 보았습니다. 한 사람의 독재는 군주정, 소수의 독재는 과두정, 다수의 독재는 중우정 등 형태만 다를 뿐 전부 나쁜 정치 체제였지요. 심지어 로마인들은 민주주의도 다수의 독재이며, 아테네가 몰락한 것은 바로 이 때문이라고 보았습니다. 그들은 한 사람이든 소수든 다수든, 누구도 나라를 독점할 수 없고, 누구도 견제받지 않고는 통치할 수 없는 나라를 세우고자 했습니다. 그리하여 임금 대신 1년이라는 짧은 임기 동안만 통치하고 임기가 끝나면 물러나는 최고 행정관, 즉 '집정관'(오늘날의 대통령에 해당합니다.)을 선출하고, 이 집정관은 자기 마음대로가 아닌 법에 따라 통치하는 제도를 만들었습니다.

이 과정에서 특권층이라 할 수 있는 귀족넓은 땅을 물려받아 노예를 사서 경작하는 가문과 평민한 가족 정도 부양할 수 있는 땅을 가진 자영농은 서로 양보했습니다. 집정관은 평민들의 모임인 민회에서 선출하고, 대신 귀족들의 대표가 오늘날 국회에 해당하는 원로원을 구성하는 것이죠. 다수가 소수를 지배하거나 소수가 다수를 지배하는 것이 아닌, 모두가 모두를 지배하고 복종하는 공화국은 이런 역사 속에서 만들어졌습니다.

주인에게 따르는 권리와 책임

로마 공화국은 정치적 권리를 누리는 시민들에게 국방과 납세의 의무를 부과했습니다. 시민으로서 권리를 누리는 만큼 공화국을 지키는 일에 앞장서는 책임을 지라는 것이죠. 자기 땅을 보유하고, 최고 행정관을 선출할 권리를 가진 시민(비록 남성에 한정됐지만)들은 모두 군인으로서의 책임을 다해야 했습니다.

심지어 로마는 군대조차 누군가가 독점하지 못하도록 정교한 제도를 만들었습니다. 기본적으로 민회 자체가 군대와 같은 편성이었지요. 로마는 시민을 소득 수준에 따라 여섯 개의 계급으로 나누었는데요, 이는 각종 무기와 장비를 자기 돈으로 마련해야 했기 때문입니다. 가장 부유한 계층인 귀족1계급은 기병이 되었고, 중산층2·3계급은 대체로 갑옷으로 중무장한

보병이 되었고, 가난한 계층4·5계급은 가벼운 무장만 하는 경보병에 배치되었습니다. 심지어 이 정도 장비도 장만하지 못하는 최하위 계층인 프롤레타리아(오늘날의 노동자 계급과는 뜻이 다릅니다. 재산도 직장도 없는 사람들을 말합니다.)에게도 나름의 역할이 주어졌습니다. 이렇게 로마 시민은 저마다 형편에 맞는 부대에 배치되어 모든 시민은 군인이라는 전통을 이어 갔습니다.

이때 모든 군인은 100명 단위로 하나의 부대백인대로 편성됐는데, 이를 '켄투리아centuria'라고 불렀습니다. 로마 민회는 켄투리아 회의의 결정이 1표로 계산되는 방식이었습니다. 말하자면 켄투리아 대장인 켄투리온 centurion은 전시에는 오늘날의 중

고대 로마군의 휘장.

대장이며, 평소에는 대의원인 셈입니다. 그런데 이렇게 하면 하위 계층의 표가 과대 반영될 가능성이 큽니다. 자기 돈으로 말을 장만할 수 있는 부유층은 기껏해야 20개 정도의 백인대를 편성할 수 있지만, 가난한 5계급과 프롤레타리아는 100개 이상의 백인대를 편성할 수 있기 때문입니다. 이렇게 되면 나

로마 구도심 한복판에 자리한 광장이자,
행정 및 정치의 중심지 역할을 했던 포룸 로마눔(Forum Romanum).
현대 이탈리아어로는 포로 로마노(Foro Romano)라고 부른다.

랏돈을 풀어 나눠 주겠다는 후보가 집정관에 당선될 것은 불 보듯 뻔합니다. 그래서 1계급인 백인대는 18개뿐이지만 70표로 계산하고, 6계급인 프롤레타리아는 수가 많았음에도 5표로 계산하는 등 나라에 기여한 바가 얼마나 되느냐를 반영했습니다. 이렇게 모든 계급의 표를 합치면 193표였습니다.

귀족과 부유층은 많은 세금을 납부하고 기병대를 유지하는 등 기여한 만큼 많은 표를 행사하여 상당한 영향력을 유지했지만, 그들 자신만으로는 과반이 되지 못했기 때문에 평민의 지지 없이 나랏일을 결정하거나 높은 관직에 오를 수 없었습니다. 평민들 역시 수가 훨씬 적은 귀족에게 많은 표를 양보한 셈이지만, 그렇게 양보했기 때문에 귀족들이 기득권을 포기하고 기꺼이 평민과 나라를 나누는 일에 동의했음을 알고 있었지요. 무조건 100명당 1표씩을 고집하여 귀족의 표를 18표로 줄여 버렸다면 겉보기에는 평등하고 정의로웠겠지만, 귀족의 양보를 끌어내지 못해 공화국을 세우지 못하고 귀족과 평민의 내전이 일어났을 것입니다.

프롤레타리아를 제외한 평민의 표는 100표로 과반수를 이뤘지만, 같은 평민이라도 부유한 2계급은 때로 귀족에 동조할 수 있었기에 평민 역시 다수의 횡포를 부리기 어려웠습니다.

결국 나라의 중대사는 갑옷과 무기를 장만할 능력이 있는 2계급이 어느 쪽 손을 들어주느냐에 달린 셈이 되었습니다.

이와 같이 로마 공화국은 나라에 더 많은 책임을 지는 만큼 더 많은 권리를 주었고, 더 많은 권리를 누리는 만큼 더 많은 책임을 지게 했습니다. 또 아무리 능력이 없더라도 시민인 이상 아주 작은 책임이라도 져야 했으며, 그 대가로 작은 권리를 누리도록 했습니다. 이것이 바로 나라를 공동의 것으로 여기는 공화국 정신입니다. 물론 가난한 사람이 나라에 기여하는 바는 미미할 것입니다. 하지만 그 미미한 기여도 가난한 사람의 살림에 비교하면 상당한 것일 수 있습니다.

권력의 분산과 견제

로마 공화국은 특정한 개인이나 집단이 권력을 독점하는 상황을 몹시 싫어했기 때문에 독재자가 나오지 않게끔 여러 제도적 장치를 마련했습니다. 권력이 집중되지 않게 여러 부분으로 나누어 서로 견제하도록 한 것입니다. 오늘날 민주주의의 중요한 원칙인 권력 분립의 원리가 이미 고대 로마 공화국에 적용된 것이죠.

우선 로마 공화국의 주권은 시민에게 있었습니다. 시민에는 귀족과 평민이 모두 포함되며, 앞에서 살펴본 방식으로 투표하여 집정관, 법무관 등 주요 공직자를 선출하거나 중요한 일을 결정했습니다. 민회는 백인대 단위로 회의하기 때문에 무장을 하고 군대식으로 집합합니다. 따라서 이들은 평시에는 민회였으되, 전시에는 즉시 군대로 바뀔 수 있었지요. 선출된 고위 공직자 역시 평시에는 관리였으나, 전시에는 지휘관이 되어야 했죠. 이는 나라에 대한 시민의 권리를 행사할 때 동시에 나라에 대한 책임도 함께함을 보여 주는 상징이었습니다.

공직자는 임기가 1년으로 짧았습니다. 하지만 로마는 아테네처럼 수시로 모여 나랏일을 결정하지 않았고, 일단 뽑고 나면 1년 동안 선출된 공직자에게 나랏일을 맡겼습니다. 이때 집정관과 그의 지휘를 받는 공직자는 정해진 법을 집행하는 행정권만을 가집니다. 심지어 집정관은 2명을 뽑았어요. 2명의 집정관은 그 권한이 동등했기 때문에 오늘날 미국의 대통령-부통령 같은 관계가 아니에요. 말하자면 여당과 야당에서 각각 대통령을 1명씩 선출한 셈입니다. 임기가 짧은 데다 2명이 권력을 나누기 때문에 최고 행정관이라는 지위에도 불

원로원 회의를 묘사한 그림으로, 카틸리나(L. Catilina)라는 정치인을
탄핵하는 마르쿠스 키케로(Marcus Cicero)의 연설을 담은 장면.
〈카틸리나를 비난하는 키케로〉, 체사레 마카리(Cesare Maccari), 1889.

구하고 집정관은 권력을 휘두르기가 쉽지 않았습니다.

더욱이 귀족과 평민은 각각 자신들을 대변하는 기구를 별도로 보유하여 서로를 견제하는 동시에 집정관의 권력도 견제했습니다. 귀족은 300명 정도의 대표를 선출하여 원로원을 구성하는 한편, 평민은 민회를 구성하고 10~50명(시기마다 달랐습니다.)으로 구성된 호민관을 보유했지요. 호민관과 원로원은 각각 법률을 제안하고 의결하는 권한을 가집니다. 집정관은 나라의 최고 권력자이지만, 호민관이 제안하고 원로원이 의결한 법률에 따라 통치할 뿐이죠.

또한 호민관은 집정관의 정책이나 명령이 부당하거나 평민의 이익을 침해할 경우, 이를 거부할 수 있었어요. 원로원은 법률안이나 나라의 주요 사항을 의결합니다. 또 집정관의 정책이나 결정이 부당할 때 이를 바로잡을 것을 권고할 수 있었어요. 권고라고 하니 힘이 약한 것처럼 느껴지지만, 집정관은 짧은 임기를 마치면 원로원 의원이 되며, 남은 삶의 대부분을 원로원 의원으로서 보내야 합니다. 권고를 무시하기 쉽지 않은 체계이지요.

다만 예외가 있기는 했습니다. 전쟁 등 위급한 상황이 발생해 강력한 지도력이 필요할 때는 독재관이라는 임시 직책을

로마 역사상 가장 유명한 호민관이었던
그라쿠스 형제(형 티베리우스 그라쿠스Tiberius Gracchus, 동생 가이우스 그라쿠스Gaius Gracchus).
이들은 토지 개혁을 비롯해 빈민이나 무산자를 돕는
여러 정책을 추진했지만 귀족들의 반대에 부딪혀 실패하고 말았다.

두어 모든 권력을 몰아 주었어요. 오늘날의 비상계엄 상황과 같습니다. 하지만 독재관의 임기는 6개월에 불과하며, 6개월이 지나면 보통 시민으로 돌아갔습니다.

이 정도만 봐도 로마인들과 아테네인들의 차이가 느껴지지요? 아테네인들은 누구나 자신의 권리를 주장할 수 있는 자유를 강조했고, 로마인들은 누구도 권력을 독점하지 못하게 하면서 시민 모두의 것으로 삼기를 강조했습니다. 결과적으로는 비슷하지만 말이죠.

법이 통치하는 로마, 법을 따르면 되는 로마

권리와 책임을 아무리 정교하게 모든 시민이 나누어 가지고 권력이 독점되지 않도록 여러 제도를 갖추어도, 이것이 단지 말뿐인 약속이라면 아무 의미가 없습니다. 로마 공화국의 가장 놀라운 점은, 체계적인 법전을 만들어 이를 기록했다는 거예요. 아테네인들이 토론을 거쳐 나라의 중대사를 결정했다면, 로마인들은 토론에서 나온 결과를 반드시 법전이라는 문

서로 만들어 보관했습니다.

나라가 누구의 것도 아닌 공동의 것이 된다는 것은 시민이라면 누구나 법에 복종해야 한다는 의미입니다. 이는 아테네에서도 여러 차례 강조된 바 있지요. 소크라테스의 재판이 대표적입니다. 소크라테스가 "악법도 법이다."라고 말했다는 것은 잘못 알려진 사실이에요. 소크라테스는 아테네의 법과 절차가 훌륭하다고 생각했습니다. 법이 보장하는 모든 방어권과 변론의 기회를 충분히 활용했고요. 이렇게 아테네 시민으로서 권리를 누렸다면 자신에게 불리한 결과가 나오더라도 마땅히 그 법에 따라야 한다는 것이 소크라테스의 견해였습니다.

로마인들은 이 점에 대해서는 더욱 단호했습니다. 로마 공화국의 첫 집정관이었던 루키우스 브루투스 Lucius Brutus 는 자신의 아들 둘이 사형에 해당하는 죄를 짓자, 심지어 시민들이 용서해 주겠다고 했음에도 아들들을 사형에 처합니다. 공화국이 출발하는 시기에, 공화국을 세운 공로자라 하여 자식에게 특혜를 준다면 그 시작부터 이미 공화국이 아니기 때문이었지요.

'로마에 가면 로마 법을 따르라.'라는 격언을 앞에서 말했습니다. 이 말은 어떤 나라에 가면 그 나라의 법을 따라야 한다는 뜻이 아닙니다. 이 격언이 2000여 년 전, 우리나라에서는 원삼국 시대나 삼국 시대 초기에 나왔다는 점을 생각해 봅시다. 당시 대부분의 다른 나라에서는 따라야 할 것이 '법'이 아니었습니다. 관습이거나 종교 교리, 아니면 언제 어떻게 바뀔지 모르는 왕의 명령에 따라야 했지요.

하지만 이 격언에는, 로마에서만큼은 그런 것들이 아닌 '법'이 다스린다는 로마인들의 자부심이 담겨 있습니다. 로마에서는 왕명을 따라야 할지, 종교 지도자를 따라야 할지, 누구를 따라야 할지 고민할 필요가 없습니다. 로마에는 법이 있습니다. 누구도 예외가 되지 않는 법 말입니다. 그러니 법을 따르면 됩니다.

4

민주주의는
완벽한가

민주주의는 완벽하지 않습니다. 2000여 년 전 고대였다면 더욱 그렇습니다. 결국 아테네는 멸망했고, 로마는 공화국이 무너진 뒤 황제가 다스리는 제국이 되고 말았지요. 왜 이런 일이 벌어졌을까요? 왕국은 폭군이 다스리면 무너집니다. 민주주의 역시 시민에게 적절한 미덕과 태도가 없으면 무너질 수 있습니다. 즉, 민주주의는 주인이 될 자격을 갖춘 시민, 민주 시민을 필요로 합니다. 그럴 자격이 없는 사람들이 다수가 되어 나랏일에 영향력을 행사한다면 민주주의는 점차 타락하여 결국 몰락하고 맙니다. 아테네와 로마가 그랬듯이 말입니다.

다수결의 문제

앞서 말했듯이, 다수가 꼭 현명한 결정을 내리는 것은 아닙니다. 세상에는 현명하고 훌륭한 사람보다 욕심 많고 어리석은 사람이 더 많기 마련이니까요. 또 사람은 유혹에 약한 존재입니다. 눈앞의 이익을 포기하고 나라와 공동체 전체의 미래를 위해 당장의 손해를 선택할 수 있는 사람은 저절로 만들어지지 않습니다.

그래서 때로 다수결은 다수의 집단 이기주의 도구로 전락하기 쉽습니다. 나라 규모가 커지고 결정해야 하는 일이 어렵고 복잡해질수록 더욱 그렇습니다. 어렵고 복잡한 문제일수록 제대로 이해하는 사람보다 모르는 사람이 훨씬 많아집니다. 하지만 그 자체로는 문제가 되지 않아요. 잘 모르는 다수가 자신이 그에 대해 모른다는 것을 인정하고 전문성을 가진 소수로부터 충분한 정보를 공유받은 뒤 판단한다면 다수결이 오류를 일으킬 가능성은 낮아질 겁니다. 하지만 이런 과정을 거치지 않고 무조건 다수결로 결정한다면, 결정할 때마다 해당 분야의 전문적인 지식이나 경험을 가진 사람들의 의견이 무시되는 결과를 가져오겠죠. 이렇게 되면 다수결은 공동체 전체에 손해를 주는 도구로 전락합니다.

더 나쁜 것은 정치가들이 복잡하고 어려운 일을 이해하는 사람이 적다는 사실을 이용한다는 거예요. 사람들은 자신을 가르치고 설득하려 드는 정치가들보다 듣고 싶어 하는 말을 하는 정치가들에게 끌리기 쉽습니다. 나라의 이익보다 권력을 획득하는 것이 목적인 타락한 정치가들은 옳은 말 대신 다수가 듣고 싶어 하는 말, 장기적인 국익보다 당장의 이득을 약속하는 달콤한 말로 다수의 지지를 받아 권력을 얻습니다. 이는 올바른 민주주의가 아닙니다. 이 정치가의 지지 기반이 된 다수는 사실상 자기 생각이 아니라 정치가의 말재주에 넘어간 것이죠. 결국 이 정치가는 다수의 지지를 받았다는 명목으로 얼마든지 권력을 행사할 수 있습니다.

이미 소크라테스 시절, 고대 아테네에서는 정치가로 성공하기 위해 논리학과 변증법을 공부하는 젊은이들과 이들에게 돈을 받고 이 기술을 가르치는 사람들sophistes, 소피스테스이 늘어나고 있었습니다. 연설이나 토론이 서로를 이해하고 설득하는 과정이 아니라, 현란한 말재주로 상대방을 굴복시키고 대중을 자기편으로 끌어오는 과정이 되어 버린 것이지요. 이렇게 되면 올바른 주장을 하는 사람이 아니라, 말재주가 뛰어나고 다

수에게 인기가 높은 사람 생각대로 나라의 중요한 일이 결정
됩니다.

　카르타고와 지중해 패권을 두고 벌인 포에니 전쟁 이후 로
마 역시 나라의 규모가 커지고 귀족과 평민 사이에서 균형추
역할을 하던 중산층이 무너지면서, 가난한 평민들을 선동하
여 자기 지지 기반으로 만들려는 정치가들이 등장하여 타락하
기 시작했어요. 이 중에는 키케로나 율리우스 카이사르_{G. Julius}
_{Caesar}처럼 말재주로 다수의 지지를 얻고자 하는 사람들도 있
었지만, 돈을 뿌리고 각종 오락과 문화 행사, 축제 따위를 공
짜로 베풀어서 인기를 끄는 사람들도 많았습니다. 뛰어난 군
인 출신으로 많은 전공을 세워 인기가 올라간 마리우스_{Marius},
폼페이우스_{Pompeius} 같은 군인 정치가들조차 전리품을 팔아 얻
은 막대한 부를 공공 오락 시설과 오락 행사 등에 아낌없이 쏟
아부었습니다. 로마의 거대한 원형 경기장에서 벌어지는 온갖
경기는 대부분 이 부자 정치인들(심지어 빚을 지기도 했습니다.)이
후원하는 것이었어요. 이런 식으로 시민들의 환심을 돈으로
산 것입니다. 가난한 프롤레타리아나 5계급은 농사를 짓는 대
신 아예 그들의 용병이 되어 사실상 돈을 받고 표를 파는 지경
에 이르렀지요.

이러한 문제는 오늘날에도 고스란히 남아 있습니다. 오늘날 우리나라를 포함한 민주주의 국가들에서 나라의 미래와 국익을 진지하게 고민하는 후보와 대중이 듣기 좋은 말만 골라 가며 하는 후보 중 누가 당선될 가능성이 클까요? 이 질문에 선뜻 대답하기 어렵다면 우리는 무너져 내린 아테네와 로마 민주주의에서 멀리 떨어져 있지 않다는 뜻입니다.

정치인과 추종자의 분리

아리스토텔레스는 아테네에서 가난한 사람과 부자의 격차가 커지는 것을 우려했습니다. 아무리 사람은 평등하다고 해도 빈부 격차가 커지면 신분제가 되살아나는 것이나 마찬가지니까요. 아리스토텔레스가 보기에 민주주의는 중산층중간 계급이 다수를 차지할 때 가장 안정적으로 운영되는 정치 체제였거든요.

계층 간 격차가 커지면 어떤 문제가 생길까요? 소수의 영향력이 강해집니다. 부자뿐만 아니라 인기, 명성 등 다른 이유로 영향력이 강한 소수가 등장하는 경우에도 마찬가지입니다. 물론 사람 사는 세상에 계층 간 격차가 없기는 불가능합니다. 하지만 그런 격차도 어느 정도 극복 가능한 범위 안에 있는 것이어야지, 도저히 넘을 수 없는 벽이 되어서는 안 됩니다.

이렇게 되면 시민은 소수의 파워 엘리트와 다수의 추종자로 분리됩니다. 소수의 파워 엘리트는 생계를 걱정할 필요가 없기에 나랏일에 관심을 가지고 참여할 시간과 여유를 독점할 수 있어요. 심리학자 에이브러햄 매슬로Abraham Maslow는 인간의 욕구가 여러 종류이며, 생존 욕구가 충족되면 인정 욕구, 자아실현 욕구가 등장한다고 했습니다. 생존의 욕구가 완전히 충족된 계층이 여전히 그 욕구에서 허덕이는 계층보다 정치 참여에 적극적인 것은 당연하지요.

이렇게 시민은 특권층이 되어 권력을 독점하고 적극적으로 정치 활동을 하는 소수와 생계를 위해 많은 시간을 써야 하며, 정치적 활동은 자신이 추종하는 셀럽의 영향을 강하게 받는 다수로 갈라지게 됩니다. 민주주의가 명목상으로는 다수결이지만 실제로는 소수의 셀럽 혹은 그중에서 가장 영향력 있는 사람 뜻대로 움직이는 귀족정, 나아가 독재 정치로 타락하는 것입니다.

실제로 아테네와 로마 모두 이런 현상 때문에 민주주의가

ARISTOTLE AND HIS PUPIL, ALEXANDER.

"빈곤은 범죄의 부모다."라고 빈부 격차를 우려했던 아리스토텔레스는 알렉산드로스(Alexandros) 대왕의 스승으로, 정치, 철학, 문화에 대한 통합적 사상을 가르쳤다고 알려졌다.
〈아리스토텔레스와 그의 제자 알렉산드로스〉, 찰스 라플란테(Charles Laplante), 1866.

무너졌습니다. 아테네에서는 부유한 집안에서 어릴 때부터 논리학, 변증술, 수사법연설을 위해 말을 잘 꾸미는 방법 등을 익힌 사실상 프로 정치인들이 다수 시민이 듣기 좋은 말을 하며 선동했고, 결국 이 때문에 무모한 전쟁에 휘말려 몰락하고 말았습니다.

로마는 포에니 전쟁 승리 이후 전쟁을 통해 큰돈을 번 군인 귀족들이 대농장을 경영하면서 가난한 사람들의 표를 사실상 돈으로 사다시피 했어요. 결국 이 군인 귀족들 간의 경쟁이 내전으로 확대되면서 그 최후 승자인 옥타비아누스Octavianus가 아우구스투스Augustus 황제가 됨으로써, 로마는 공화국에서 제국으로 바뀌고 말았습니다.

물리쩍인 한계

고대 민주주의의 가장 큰 한계는 '규모' 문제였습니다. 2000년 전은커녕 200년 전에도 하루에 이동할 수 있는 거리는 고작 30킬로미터 정도였습니다. 실시간으로 정보를 주고받는 통신 수단 같은 것은 당연히 없었죠. 따라서 나라가 커져서 하루 이동 거리를 넘어서는 크기가 되면 시민이 모여 토론하고 결정하는 정치는 실행이 어려워집니다. 또 나라가 커지면 인구도 늘어나기 마련인데 10만 명 정도는 어떻게든 모일 수 있겠지만 수십만 명, 백만 명 이렇게 늘어나면 애초에 모이기도 어렵습니다. 회의나 토론은 당연히 불가능하겠죠.

아테네는 번창하면서 그 세력이 도시 국가를 한참 넘어섰는데도 시민의 범위를 아테네 도시 출신으로 한정했습니다. 이는 같은 그리스 안에서 아테네 출신과 다른 지역 출신을 차별한다는 뜻이며, 아테네라는 폴리스가 자기들끼리는 민주주의를 하면서 다른 폴리스들에 대해서는 제국으로 군림한다는 뜻이지요. 결국 아테네는 이런 정책에 반발한 다른 폴리스들과 싸우다 몰락하고 말았습니다.

아테네와 달리 로마는 나라 규모가 커지면서 시민의 범위도 넓혔습니다. 도시 국가 범위를 한참 넘어 오늘날 이탈리아 규모의 나라가 되었을 때는 이탈리아반도를 시민 구성원으로 받아들였지요. 로마가 아테네보다 훨씬 큰 나라가 되었을 때도 공화국을 유지할 수 있었던 까닭은 커진 나라 규모에 맞게 법도 계속 개정하고, 수도와 지방을 연결하는 도로를 건설하는 등 많은 노력을 했기 때문이에요. 하지만 결국 로마 역시 유럽, 아시아, 아프리카 대륙에 걸쳐진 거대한 나라가 되고, 거주민

〈로마 제국의 멸망〉, 토마스 콜(Thomas Cole), 1836.

모두를 시민으로 받아들이자 한계에 부딪치고 말았습니다.

이렇게 넓은 영토에서 수많은 사람이 모여 토론하고 표결할 방법은 존재하지 않았습니다. 오늘날과 같은 교통, 통신 수단이 있었다면 가능했겠지만 그건 2000년 뒤의 일입니다. 시민이 다 모이지 않고 지역마다 대표자를 선출하는 방식을 사용했다면 넓은 영토와 많은 인구에도 불구하고 민주주의를 운영할 수 있었겠지만, 이런 제도도 만들어지지 않았지요. 이렇게 되자 시민이라는 말의 의미가 퇴색되고 맙니다. 그저 노예가 아닌 사람 수준이 되어 버린 것이죠. 이렇게 의미가 옅어진 시민은 공동체에 대한 책임도 그만큼 덜하기 마련이지요. 정치는 셀럽들에게 맡기고 자신들은 즐겁게 살면 그만이라는 개인주의, 이기주의가 확산되었습니다.

그리하여 로마 역시 공화국이 무너지고 다시 황제가 다스리는 제국이 됩니다. 로마가 제국이 되면서 고대 민주주의는 막을 내립니다. 민주주의가 다시 역사에 등장하는 것은 이로부터 1200여 년이나 지난 17~18세기, 시민 혁명 이후입니다.

그리고 오늘날 우리나라의 민주주의는 고대 그리스, 로마가 아니라 시민 혁명 이후 등장한 근대 민주주의와 직접적으로 연결되지요.

2부

근대가 탄생시킨
'업그레이드'
민주주의

오늘날 우리가 누리고 있는 민주주의는 고대 아테네나
로마에 존재했던 민주주의와 같은 형태는 아닙니다. 18세기
계몽사상가들이 고대 아테네, 로마의 민주주의를 나름대로
재해석한 것이 시민 혁명을 통해 구체화된 결과물이죠. 물론 현실
정치가 계몽사상가들이 생각한 대로 흘러가지는 않았고, 오늘날의
민주주의가 자리 잡기까지는 엄청나게 많은 갈등과 우여곡절이
있었습니다.

근대 민주주의는 다른 무엇보다도 혁명을 통해 만들어졌습니다.
왕이나 귀족들이 순순히 권력을 내주지는 않았으니까요.
그중 17세기 영국의 명예혁명, 18세기 미국의 독립 전쟁과
프랑스 혁명을 근대 민주주의를 만든 3대 사건으로 봅니다.
시민 혁명 결과 등장한 근대 민주주의는 과연 고대 민주주의와
무엇이 달라졌을까요?

5

시민 혁명 그리고
민주주의의 부활

개인의 천부적 권리, 인권

가장 중요한 변화는 바로 '인권' 개념입니다. 인간은 누구에게도 빼앗길 수 없는 기본적인 권리, 즉 인권을 가지고 있기 때문에 존중받아야 한다는 생각이 등장했지요. 이는 고대 아테네나 로마 사람들에게는 매우 낯선 개념이었습니다. 아리스토텔레스는 "인간은 정치적 동물."이라고 했습니다. 이때 정치적 동물이라고 번역된 zoon politikon은 '폴리스에 매인 동물' 혹은 '폴리스적 동물'이라고도 옮길 수 있어요. 도시보다 훨씬 넓은 나라를 세웠던 로마인들은 '폴리스' 대신 '사회'라는 말을 넣어 "인간은 사회적 동물."이라고 했습니다.

고대 아테네인들과 로마인들은 도시, 사회, 국가의 구성원이 아닌 '개인'이라는 개념에 대해 생각하지 못했습니다. 개인들이 모여 사회를 이룬 것이 아니라, 먼저 사회가 있고 그 안에 개인이 있다고 생각한 것이죠. 인간의 존엄성은 인간이기 때문이 아니라 어떤 나라나 공동체의 구성원이라는 데서 비롯되는 것이었어요. 시민이 모두 평등하다는 생각 역시 인간이기 때문이 아니라 같은 폴리스 혹은 공화국의 구성원이기 때문이었지요. 그래서 공동체에 참여하지 못하게 하는 '추방'은 그 시대에는 사형 못지않은 무거운 형벌이었습니다.

하지만 근대 시민 혁명의 사상적 기반이 되는 '사회 계약론'은 이런 생각을 뒤집었습니다. 문자 그대로 사회가 계약에 의해 이루어지며 유지된다는 이론입니다. 다시 말해 국가나 공동체 같은 사회가 먼저 있는 것이 아니라, 사람이 먼저 있고 그들이 계약을 맺음으로써 사회가 만들어졌다는 이론이에요. 이는 사람이 어떤 공동체에 속하지 않더라도 단지 존재 자체만으로 존엄하다는 전제에서 출발합니다. 고대 아테네와 로마 사람들은 아테나나 로마라는 자랑스러운 나라의 시민이 됨으

프랑스 혁명의 정신을 담은 아주 유명한 그림.
그 속에서 깃발을 든 채 앞장선 '자유의 여신'과 민중의 군대.
〈민중을 이끄는 자유의 여신〉, 외젠 들라크루아(Eugène Delacroix), 1830.

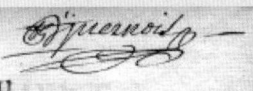

계몽사상가 장자크 루소(Jean-Jacques Rousseau)의 대표적인 저서 『사회 계약론』(1762) 표지.

로써 자신들이 평등한 권리를 가진다고 생각했습니다. 그래서 시민 자격을 얻는 것이 굉장히 중요했어요. 하지만 18세기 자연법 사상에서는 일단 사람으로 태어난 이상 누구나 권리를 가지고 있다고 봅니다. 바로 이 권리가 인권입니다.

'모든 사람은 날 때부터 평등하며 자유, 평등, 안전에 대한 양도할 수 없는 권리를 가진다.'

영국, 미국, 프랑스 할 것 없이 모든 시민 혁명 선언문의 첫 줄에 반드시 나오는 내용입니다. 바로 이 권리를 '자연권'이라고 합니다. 사람이라면 누구나 날 때부터 가지고 태어나는 권리라는 뜻이지요.

이로써 권리의 주체가 국가나 공동체가 아닌 개인이 되었습니다. 고대 민주주의는 국가나 도시 공동체가 자격 있는 시민에게 동등한 권한을 나누어 주는 것이었다면, 근대 민주주의는 권리를 가진 개인들이 자신의 권리를 모아 국가나 공동체에 맡기는 것으로 바뀌었지요.

그렇다면 왜 개인들은 자기 권리를 모아서 국가에 맡겼을까요? 개인의 힘만으로는 자신의 권리를 지키기 어려웠고, 개인들이 저마다 자기 권리만을 내세우면 무질서와 폭력으로 아수라장이 될 수 있기 때문입니다. 설사 그렇지 않다 하더라도 누군가 다른 사람의 권리를 무시하는 경우에 이를 막거나 처벌할 방법이 없습니다. 이런 문제를 해결하기 위해 개인들이 합의하여 정부를 세우고, 자신들의 권리를 모아 사회를 큰 힘으로 만들었다는 것이 바로 18세기에 등장한 사회 계약론의 골자예요.

근대 민주주의는 바로 이 사회 계약론에 입각하여 기존의 왕정과 귀족정을 '앙시앵 레짐ancien régime' 즉, 낡은 제도라 비판하면서 뒤집어엎은 시민 혁명의 결과입니다.

입헌주의

권력의 주인을 개인으로 보는 근대 민주주의는 고대 민주주의만큼 정치적인 삶을 중요하게 생각하지 않았습니다. 개인들은 각자 자기 할 일을 하며 자유롭게 살아가는 것이며, 정치는 이 과정에서 발생할 수 있는 갈등이나 문제를 해결하거나 외적의 침입, 재난 등의 위험으로부터 사람들을 보호하는 정도

「인간과 시민의 권리 선언(Déclaration des droits de l'Homme et du citoyen)」(1789)은 프랑스 혁명의 핵심인 인권 선언문이다. 자유와 평등, 종교, 출판 결사의 자유 등 인간의 천부적 권리는 장소와 시간을 초월하여 보편적이라고 선언했으며, 구체제의 억압에 종언을 고했다.

의 역할만 해야 합니다. 이런 일을 하라고 정부를 세우고 권리를 맡긴 것이니, 정부 역시 권력을 마구 휘두르는 것이 아니라 맡긴 일만 하도록 그 힘의 범위가 제한되어야 했지요.

그래서 시민들이 정부와 체결한 계약이 바로 헌법입니다. 헌법은 이 국가의 목적이 시민의 권리를 지키는 것이라는 점, 정부가 권력을 사용할 수 있는 건 오직 이 목적을 달성하기 위해서임을 명시했습니다. 설혹 목적을 달성하기 위해서라고 해도 권력을 사용하는 데 한계를 정해, 시민의 권리를 지킨다는 명목으로 오히려 자유와 권리를 침해하지 못하도록 선을 그었지요.

이로써 정부는 헌법에서 정한 목적을 위해서만 권력을 행사하고, 헌법이 정한 범위와 방법을 통해서만 권력을 행사할 수 있다는 원칙이 정해졌습니다. 이것이 바로 입헌주의입니다. 입헌주의야말로 고대 민주주의와 구별되는 근대 민주주의의 가장 큰 특징이라고 할 수 있어요.

권력 분립

국가나 정부는 마치 양날을 가진 칼과 같아서 인권을 지키는 좋은 도구가 되기도 하지만 때로는 인권을 위협하는 흉기가 되기도 합니다. 심지어 헌법을 통해 권력의 사용 목적과 방법, 한계를 정해 두었다고 해도 마찬가지예요. 만약 정부가 약속된 바를 지키지 않으면 그때는 어떻게 하겠습니까? 다시 혁명을 일으킬까요?

여기에 대해서는 이미 고대 로마 공화국이 모범을 만들어 놓았습니다. 바로 권력을 분산하여 누구도 독점하지 못하게 하는 것입니다. 하지만 차이가 있어요. 로마 공화국은 권력을 여러 계층에 분산하는 것을 목적으로 삼았어요. 하지만 천부인권 개념을 따르는 근대 민주주의 사회에서는 계급이나 신분의 차이를 인정하지 않습니다. 근대 민주주의에서 권력의 분산은 오직 국가와 정부의 권력을 분산하는 것입니다.

그래서 등장한 것이 바로 삼권 분립입니다. 삼권 분립은 권력을 입법, 행정, 사법으로 나누어 각각 다른 기구가 담당하게 하는 것입니다. 이 정도는 이미 초등학생 때 다 배웠겠죠. 하지만 삼권 분립의 핵심은 권력을 정부_{행정부}에 다 주는 것이 아니라 행정에만 국한하며, 그마저도 계속 감시와 견제를 받게 하는 것입니다.

이때 가장 중요한 원칙은 행정부, 즉 정부는 오직 법률을 집

국회(입법)

행정부(법 집행)

사법부(법 판결)

근현대에 권력 분산을 위해 만든 삼권 분립의 기본 구조.

행하는 역할만 할 수 있다는 것입니다. 법률은 입법부에서 만드는데, 국민의 대표자로 이루어진 국회가 입법부에 해당해요. 재판을 하는 사법부는 이 과정에서 한 발짝 떨어져 그 어떤 외부의 압력 없이 오직 법률에 따라 판결을 합니다.

즉, 권력을 분산한 것이 아니라 입법권은 국민 국회 이 계속 보유하고, 사법권은 완전히 독립시켜 놓은 상태에서 행정권만 정부에 부여한 뒤 이를 국민이 감시, 견제하는 것입니다. 이때 국민이 직접 입법 활동을 할 수 있다면 좋겠지만 현실적으로 불가능하기 때문에 국회 의원을 선출하여, 이들에게 입법 활동을 맡기는 것입니다. 요컨대 국회는 정부가 아니라 국민을 대표하는 기구입니다.

이때 입법부와 행정부의 관계를 어떻게 설정하느냐에 따라 의원 내각제와 대통령제가 갈라집니다. 그 차이를 볼까요?

의원 내각제에서는 국회에서 행정부 수장인 총리를 뽑고, 총리가 장관들을 임명하여 행정부인 내각을 구성합니다. 총리는 정해진 임기가 없으며, 언제든지 국회에서 결의하여 내각을 불신임할 수 있습니다. 내각을 신임할 수 없으니, 해산을 요구할 수 있다는 뜻이죠. 반대로 국회에서 계속 신임한다면 10년 이상 총리직을 유지할 수 있어요. 가령 영국의 토니 블레어 Tony

Blair, 독일의 앙겔라 메르켈Angela Merkel, 캐나다의 쥐스탱 트뤼도Justin Trudeau 같은 사람들은 모두 10년 이상 총리직에 머물렀지요.

그런데 국회 다수당이 마음에 들지 않는 총리를 마음대로 불신임하다 보면 사실상 입법부가 행정부를 겸하게 되어 국회 다수당의 유력 인물이 나라를 지배하게 됩니다. 또 국회 다수당이 총리의 정책에 사사건건 반대하면 행정부가 아무것도 못 하게 되는 사태가 발생하기도 하죠. 그래서 국회의 내각 불신임권에 대항하여 총리에게는 국회 해산권이 있습니다. 총리가 국회 해산을 명령하여 국회 의원 선거를 다시 하는 것입니다.

이를테면 국회가 내각 불신임권을 발동하여 총리를 해임하면, 총리도 국회를 해산시켜 국회 의원 선거를 다시 치릅니다. 그런데 총리를 지지하는 의원들이 과반수가 되면 총리는 돌아오고, 그렇지 않으면 총리는 그대로 해임되는 것이죠. 반대로 총리가 국회의 반대가 마음에 들지 않아 국회 해산권을 발동하면 역시 국회 의원 선거를 다시 치릅니다. 그 결과 총리를 지지하는 의원들이 과반수가 되면 힘차게 자기 정책을 펼치는 것이고, 반대의 결과가 되면 스스로 물러나는 수밖에 없습니다. 이렇게 국회와 행정부가 서로 힘의 균형을 맞춥니다.

대통령제에서는 행정부 수장인 대통령 역시 국민이 직접 선출합니다. 따라서 대통령과 국회는 모두 동등하게 국민의 대표라는 자격을 가지게 됩니다. 다만 의원 내각제에 비해 국회가 행정부를 견제할 수 있는 권한이 적습니다. 반대로 행정부역시 국회 활동에 관여할 길이 없거나 매우 제한적입니다. 그야말로 입법부와 행정부가 각자 자기 갈 길을 가는 것이 대통령제입니다. 하지만 아무래도 의원 내각제에서의 총리보다 대통령제에서의 대통령이 더 강한 권력을 쥐는 것은 사실이기 때문에, 대통령제의 가장 큰 문제는 이 막강한 대통령을 어떻게 견제하느냐입니다. 대표적인 방법은 임기를 정하는 것입니다. 국회의 신임만 받으면 임기가 계속 연장되는 총리와 달리, 대통령은 임기가 헌법에 정해져 있어 그 이상 할 수 없어요.

　하지만 대부분의 권위주의 국가들, 독재 국가들은 사실상 임기가 무제한인 대통령제를 실시하고 있습니다. 임기가 정해져 있더라도 헌법을 뜯어고치거나 교묘하게 피해 가면서 계속 직위를 유지하죠. 가령 중국의 시진핑Xi Jinping은 두 번까지 취임할 수 있게 정한 헌법을 고쳐 사실상 제한 없는 집권을 가능하게 만들었어요. 러시아의 블라디미르 푸틴Vladimir Putin은 임기가 4년이며 한 번 연임할 수 있다고 명시한 헌법의 허점을 이

용해, 8년 연임하고 다른 사람에게 대통령 자리를 넘겨주는 식으로 4년 쉰 뒤 다시 8년을 연임하면서 20년 넘게 권력을 쥐고 있습니다.

시민 사회

근대 민주주의의 또 다른 특징 중 하나는 공적인 일을 담당하는 정부와 시민이 일상생활과 생계 활동을 하는 생활 세계 사이에 중간 영역이 존재한다는 것입니다. 고대 민주주의에서는 민회에서 모든 시민이 공적인 일을 의결하는 데 참여했기 때문에 이런 중간 영역이 존재하지 않았습니다. 하지만 근대 민주주의에서는 선거를 통해 정부를 구성하여 정치권력을 맡기고 나면 일반 시민은 생활 세계로 돌아갑니다. 만약 선출된 정부가 맡은 일을 제대로 하지 못한다면 다음 선거 때 낙선시키면 되니까요.

하지만 이제 뽑아서 맡겼으니 정치는 잊어버리고 남은 4년을 생업에 종사하기만 하면 될까요? 정부를 감시하고 견제하는 일은 입법부에 맡기기만 하면 되는 것일까요? 그렇게 되면 선출된 국회 의원들이 사실상 귀족이 되어 버려 민주주의가 귀족 정치로 변질될 우려가 있습니다. 무엇보다 국민의 대표로 선출된 국회 의원들이 입법부에서 국민이 아니라 자신 혹은 자신이 속한 계층의 이해관계를 대표할 수도 있고요.

따라서 근대 민주주의 국가의 시민은 선거가 끝났다고 관심을 끊을 수 없습니다. 일상생활이 이루어지는 생활 세계도, 그렇다고 직접 정부 일에 참여하는 것도 아닌 중간 영역에서 정치에 대한 관심과 의견을 드러내고 영향력을 행사해야 합니다. 이 중간 영역을 바로 시민 사회라고 합니다.

이는 직접 민주주의가 이루어지던 고대 민주주의에서는 필요 없는 영역이지요. 민회에 나가 발언하면 되니까요. 민주주의가 이루어지지 않던 시절에도 필요 없는 영역입니다. 괜히 백성들이 모여 나랏일에 대해 이러쿵저러쿵했다가는 반역죄로 잡혀가기 딱 좋았겠죠. 이 시민 사회야말로 근대 민주주의의 가장 큰 특징이며, 근대 민주주의를 민주주의로 만드는 연료입니다.

시민 사회에서는 나라의 여러 쟁점에 대한 의견이 오가면서 여론이 형성됩니다. 여론 자체만으로는 선거 같은 의사 결정 능력이 없습니다. 여론이 아무리 나빠도 일단 선출된 공직자는 임기를 지킬 수 있습니다. 하지만 여론은 다음 선거 결과를 예고하는 지표입니다. 다음 선거를 신경 써야 하는 선출직 공직자와 정당은 여론이 어떻게 흘러가는지 예민하게 읽어 내야 하지요.

시민들은 언론, 출판 등을 통해 자신의 생각을 드러내고 공적인 토론장에 참여할 수 있습니다. 오늘날에는 사회 연결망 서비스SNS가 발달하여 꼭 투표가 아니더라도 시민들이 자기 생각을 전하고 토론할 수 있는 공간이 확대되었습니다. 말하는 데서 그치지 않는 시민은 비정부 기구NGO를 만들거나 가입하여 행동에 나서기도 합니다.

시민 사회의 또 다른 중요한 역할은 정치에 직접 참여할 기회가 없는 일반 시민이 나랏일이나 공적인 쟁점에 무관심해지지 않도록 만들어 주는 것입니다. 선거가 끝나면 다음 선거까지 선출된 공직자가 무슨 짓을 해도 어찌할 방법이 없는 나라와, 공론장에서 자유롭게 비판할 수 있고 또 각종 단체에 가입하여 정당과 정치인들에게 압력을 행사함으로써 정책에 의견을 반영할 기회가 있는 나라의 시민은 시민으로서 자신의 능력과 영향력에 대한 태도가 다를 수밖에 없습니다. 이를 정치 효능감이라 해요.

최근 유럽의 거리에서 열린
반전 시위에 참여한 시민들.

정치 효능감이 높은 시민은 어떤 문제가 발생했을 때 이를 정치적으로 해결할 방법을 찾아 실천합니다. 반면 정치 효능감이 낮은 시민은 아예 정치에 무관심해지거나, 특정한 정치 지도자에게 몰입하여 그를 맹목적으로 지지하거나, 정치적인 방법 대신 폭력적인 방법에 의존하기 쉽습니다. 이런 토양에서는 독재자가 등장하거나 폭동, 내란 등이 일어나기 쉽습니다. 독재자들은 대부분 자신을 맹목적으로 지지하는 정치 효능감이 낮은 시민을 선동하여 폭동을 일으키면서 권력을 장악합니다. 평범한 일반 시민이 거대한 정부에 직접적인 영향을 미치기는 어렵습니다. 그러니 자신의 희망을 대신 투영한 정치 지도자가 하는 일을 마치 자신의 일처럼 생각하며 대리 만족하는 것이죠.

하지만 시민 사회가 발달한 나라에서는, 일반 시민이 자신의 생각을 공동체에 실현할 기회가 많습니다. 가령 대한민국의 정책을 한 사람의 작은 목소리로 바꾸기는 어렵습니다. 하지만 내가 사는 동네에 더 많은 가로등을 설치하는 일은 작은 목소리로도 해 볼 수 있는 일입니다. 이와 같이 시민 사회는 정치권력과 일반 시민 사이에서 독재자의 등장이나 폭동, 내란 등의 발생을 예방하는 완충 장치 역할을 합니다. 이렇게 시민 사회가 잘 발달한 나라를 '풀뿌리 민주주의'가 발달했다고 하고요.

시민 사회라고 하면 환경이나 인권 같은 거창하고 도덕적인 목적을 가진 운동 단체를 떠올립니다. 하지만 꼭 그럴 필요는 없습니다. 지역 모임이든, 직장 모임이든, 아무리 작은 규모라도 공적인 가치와 관심을 같이하는 사람들의 모임이면, 이들이 모두 엮여 건강한 시민 사회를 이룹니다.

6

민주주의에
새로운 숨결을!

—

민주주의의 기본 원리

　지금까지 고대 민주주의부터 근대 민주주의까지 살펴봤습니다. 보면 볼수록 '민주주의란 무엇일까요?'라는 질문에 대한 명확한 답을 구하기 어렵다는 느낌이 들었을 거예요. 고대 아테네에서도 '다수에게서 권력이 나오는 정치'라고 규정해 놓고도 그 뒤로 이런저런 다른 특징들을 나열하지 않았습니까? 하물며 고대 아테네보다 나라 규모도 커지고 구조도 복잡해진 오늘날에는 "민주주의란 이런 것입니다."라고 단언하기가 훨씬 더 어려운 것이죠. 그럼에도 '민주주의'라고 불리기 위해서라면 갖추어야 할 최소한의 것, 즉 기본 원리가 있습니다.

하지만 기본은 어디까지나 기본입니다. 기본은 적어도 이 정도는 갖추어야 한다는 뜻이지, 이것만 갖추면 된다는 뜻이 아니니까요. 다시 말해서 이 정도도 갖추지 않고서 민주주의라고 말할 수는 없다는 뜻이지, 이것들만 갖추면 민주주의라는 뜻은 아닙니다.

정치적 평등의 원리

민주주의의 가장 중요한 원칙은 뭐니 뭐니 해도 평등입니다. 하지만 평등은 그 폭이 너무 넓죠. 경제적 평등, 사회적 평등, 교육의 평등이라든지 의미도 다양하고요. 민주주의는 무엇보다도 정치이기 때문에, 여기서는 적어도 '정치적으로는 평등해야 한다.'라는 의미로 평등의 원리를 제한해서 말하겠습니다. 그렇다면 정치적으로 평등하다는 것은 무엇을 말하는 걸까요? 적어도 다음과 같은 기본이 지켜지는 상황을 말합니다.

1. 정부, 국회, 정당 등 정치의 무대가 되는 영역이나 집단이 외부의 영향력에 좌우되지 않고 독립성을 지켜야 합니다. 운동 경기

에 비유하면 경기장 자체가 특정한 세력의 영향력 아래 있으면 안 된다는 뜻입니다. 가령 학교에서 시험을 치르는데 출제자와 채점자가 특정한 학생이나 학부모의 압력에서 자유롭지 않다면, 이 시험은 치러지기도 전에 이미 불공정할 가능성이 큽니다.

2. 구성원들은 모두 자기 스스로를 다스릴 수 있는 자격이 평등하게 주어져야 합니다. 어떤 사람도 다른 사람을 지배할 수 없고, 또 지배받지 않아야 합니다. 경기장이 공정하게 준비되었다면 다음은 선수의 자격이 평등해야 한다는 뜻입니다. 이는 모든 선수는 각자 자기 판단과 능력에 따라 경기할 수 있으며, 다른 선수의 지시나 명령의 영향을 받아서는 안 된다는 뜻입니다.

3. 구성원 중 누구도 전체를 지배할 수 있을 정도로 탁월한 능력을 가지고 있다고 인정되어서는 안 됩니다. 바로 이것을 인정하는 순간 독재가 정당화됩니다. 물론 어느 집단이나 구성원 간에 능력 차이는 있을 수밖에 없습니다. 하지만 그 차이가 유능한 한 구성원이 다른 구성원들은 누리지 못하는 권리를 혼자 누릴 만큼 크지는 않을 것이며, 설혹 크다 하더라도 그런 자격을 인정받아서는 안 됩니다.

이 정치적 평등의 가장 결정적인 증거가 바로 선거권입니

모든 성인에게 투표권이 주어진 것은 길어야 100년 정도밖에
안 된 역사이며 이 자체가 민주주의의 역사였다.

뉴욕의 여성 참정권 시위 장면(위, 1915)과
영국의 여성 참정권 시위에서 주동자가 체포되는 모습(아래 왼쪽, 1914).

다. 민주주의 발전의 역사는 모든 국민이 동등한 한 표를 행사하는 '보통 선거권의 역사'라고 해도 과언이 아닙니다.

고대 민주주의에서 투표권이 노예나 여성을 배제한 성인 남성에게만 주어졌다는 사실은 이미 설명했습니다. 하지만 시민 혁명 이후 근대 민주주의에서도 투표권은 재산세 납부액, 즉 재산에 따라 주어졌습니다. 1848년 참정권 운동으로 재산권 규정이 철폐된 뒤에도 투표권은 성인 남성에게만 주어졌지요. 여성들의 참정권 운동은 계속 이어졌고, 1928년이 지나서야 지금처럼 모든 성인에게 투표권이 주어졌어요.

위에 나온 세 원칙을 기준으로, 민주주의라고 자칭하고 있지만 민주주의 아닌 나라를 식별할 수 있습니다. 지금은 민주주의 국가로 여겨지는 영국, 프랑스, 미국 등도 1920년대 이전까지는 두 번째 원칙을 위반했기 때문에(투표권에 재산 규정을 둔다거나 여성에게 투표권이 없는 등) 정치적 평등의 원리가 지켜지지 않았습니다. 북한, 중국, 러시아 등은 국가 이름에 민주주의라는 단어를 쓰고 있으면서도 특정 통치자의 탁월함이 나머지 일반 국민보다 더 위에 있음을 강조하기 때문에 세 번째 원칙을 위반한 것입니다.

개인적 자율의 원리

평등하게 정치에 참여할 권리가 주어졌다 하더라도, 그 권리를 스스로 행사할 수 없다면 아무 의미가 없겠지요. 민주주의 사회에서는 모든 시민이 아무 방해나 간섭 없이 자신에게 주어진 정치적 권리를 행사할 수 있어야 합니다. 이는 권리이자 의무예요. 다른 한편으로는 개인 스스로도 가장 좋은 선택을 주체적으로 할 준비가 되어 있어야 합니다. 그래서 이를 단지 자유가 아니라 스스로의 주인이 될 수 있다는 의미에서 '정치적 자율의 원리'라고 합니다. 자유는 간섭만 없어도 소극적이나마 주어지는 것이지만, 자율은 지식, 태도, 가치 등을 갖추어야 합니다. 이는 교육을 통해서만 가능하며, 따라서 민주주의 국가에서는 어릴 때부터 공교육을 통해 정치적 자율에 필요한 기본적인 지식, 태도, 가치를 가르칩니다. 이러한 교육은 모든 국민에게 무상으로 제공되고요.

정치는 다양한 이해관계와 주장이 충돌하는 가운데 이를 조정해 나가는 과정입니다. 이때 이 이해관계와 주장은 반드시 자기 자신의 생각이어야 합니다. 다른 사람의 생각과 주장을 대신하고 있거나, 자기도 모르게 다른 사람의 생각과 주장에

공교육은 모든 개인이 지식, 태도, 가치를 갖춘
스스로의 주인으로 살아야 한다는
민주주의 정신을 바탕으로 한다.

사로잡혀 있다면 그는 정치적 자율의 능력이 없으며, 시민의 자격이 없는 것입니다. 사실상 자유를 상실했기 때문이죠. 더구나 이 경우에는 자유뿐 아니라 평등의 원칙도 위반한 것입니다. 타인에게 자기 이익이나 주장을 강요할 수 있는 사람, 자기 이익이나 주장을 대신하게 조종할 수 있는 사람이 존재한다면 그는 이미 다른 사람과 정치적으로 평등하지 않을 것이기 때문이지요.

민주적 과정의 원리

정치적 평등의 원리와 개인적 자율의 원리는 단지 말만으로 이루어지지 않습니다. 이 원리를 현실적으로 구현할 제도와 절차가 마련되어 있어야 해요. 경기장이 공정하게 지어졌다면, 선수들이 평등하고 자유롭게 경기할 수 있다면, 그다음으로는 경기의 공정한 규칙이 정해져야 하지요. 이러한 제도와 절차를 민주적 과정이라고 합니다.

물론 민주적 절차와 제도만 갖추고 있다고 해서 다 민주주의는 아닙니다. 많은 독재자가 민주적 절차와 제도를 통해 권

고대 로마에서 이루어진 투표 현장의
장면을 주화로 제작했다.

력을 장악했고, 또 그렇게 권력을 유지합니다. 이 경우, 민주적 절차와 제도는 순전히 형식적인 것에 불과하겠지요. 여기서 '형식적 민주주의' '절차적 민주주의'라는 말이 나왔습니다.

하지만 형식이나 절차의 의미를 폄하해서는 안 됩니다. 절차만으로는 완전한 민주주의가 될 수 없지만, 절차마저 없다면 민주주의는 결코 성립될 수 없기 때문입니다. 절차를 갖추지 않은 민주주의는 이상에 불과하며, 현실 세계의 정치 체제가 아닙니다. 절대적이고 정치적인 평등의 원리와 개인적 자율의 원리가 민주주의를 성립하게 하는 전제 조건이라면, 민주적 과정의 원리는 민주주의의 조건이 갖추어진 이후 그것을 실천하는 원리인 것이죠.

그렇다면 민주적 제도와 절차는 어떻게 확인할 수 있을까요? 일반적으로 다음 다섯 가지를 그 기준으로 삼습니다.

1. **포괄적 참여(포괄성)**: 시민(국민)의 범위는 최대한 포괄적이어야 합니다. 한 나라에서 얼마나 많은 사람을 시민으로 포괄하느

시민 참여의 방식인 슬로건.

민주적 절차와 방법대로 치러야 하는
투표와 개표 현장.

냐에 따라 그 나라의 민주주의를 가늠할 수 있어요. 근대 민주주의의 역사는 이 시민의 범위가 점점 넓어지는 과정이었습니다. 재산이 없는 사람도, 여성도, 가능하면 모든 성인이 시민에 포함되어야 합니다. 성인으로 인정받는 나이도 점점 낮아지는 추세입니다.

2. **효과적 참여**: 단지 참여 기회가 주어지는 것만으로는 부족합니다. 시민은 정치적 결정이 만들어지는 과정에서 자신의 선호, 이해관계, 생각 등을 표현할 기회를 충분하고 평등하게 가져야 합니다. 포괄적 참여는 효과적 참여를 널리 보장하는 것이 되어야 의미 있습니다. 누구는 아주 효과 좋은 메시지 전달 방법에 접근 가능하고, 누구는 그저 육성으로 소리쳐야만 한다면 이는 민주적 과정이라 볼 수 없지요. 특히 SNS의 파급력이 무척 커지고, 인공지능이 그럴듯한 주장을 만들어 낼 수 있는 오늘날, 디지털이나 인공지능 기술에 대한 접근 기회가 불평등하다면 이는 그대로 정치적 불평등으로 연결될 수 있습니다.

3. **투표의 평등**: 모든 시민은 공동체의 결정에 동등한 의결권을 가지고 참여할 수 있어야 합니다. 이건 보통 선거와 같은 의미이니 따로 설명하지 않겠습니다.

4. **계몽과 이해**: 모든 시민은 자신이 의결권을 가지고 참여하는 문

제를 충분히 이해할 수 있어야 합니다. 뭐가 뭔지도 모르는 상태에서 투표권만 공정하게 준다면 이는 그 대상을 잘 아는 사람들이 모르는 사람들을 조종하는 결과가 됩니다. 투표하기 전에 무엇에 대해 투표하는지에 관한 정보를 충분히 수집하고 신중하게 판단하는 것은 민주 시민의 중요한 의무입니다. 하지만 동시에 시민은 결정해야 할 문제들이 뭔지, 그리고 자신의 이익이 보장되는 선택지가 무엇인지 알아내고 평가할 기회를 제공받아야 하지요. 이건 대중 매체, SNS 셀럽들의 영향력이 점점 커지는 오늘날, 가장 심각하게 위협받는 원리입니다.

5. **시민의 의제 통제**: 시민은 투표가 얼마나 공정하게 진행되느냐의 문제뿐 아니라 '무엇을 투표하느냐'에 대해서도 통제권을 가져야 합니다. 평소 별 관심 없던 주제에 대해 덮어놓고 "자, 찬성이야, 반대야?"라고 묻는 투표를 해서는 안 되는 것입니다. 가령 학교에서 '조회 시간에 휴대폰을 걷는다 / 1교시 직전에 걷는다.' 중에서 하나를 선택하라는 투표를 한다면 느낌이 어떨까요? '걷지 않으나 수업 시간 중 사용할 경우 제재를 받는다.' 등의 선택지는 왜 처음부터 배제되었느냐고 따지고 싶지 않나요? 이와 같이 찬성 / 반대를 결정할 의제가 무엇인지 결정하는 과정에도 시민의 참여가 보장되어야 하는 것입니다.

하지만 오늘날 이 원리 역시 많이 위협받고 있습니다. 일부 정치 엘리트가 '국민의 이름'을 걸고 실제로는 자기들 마음대로 의제를 정해서 표결에 부치는 경우가 점점 늘어나고 있기 때문입니다. 또 언론사 등을 움직일 수 있는 사람은 일반 시민보다 의제를 정하는 데 훨씬 강력한 힘을 발휘할 수 있습니다. 그 결과 일반 시민은 무엇을 투표에 부칠지도 모르는 상태에서 남이 정해준 선택지 중 하나에 투표해야 하는 상황에 처하게 됩니다. 그러니 기권하거나 아예 투표에 참여하지 않는 정치 무관심 또한 늘어나는 것입니다.

3부

민주주의의
틀과 기준

아테네는 인구 30만 정도의 작은 나라였습니다. 로마 역시 도시 국가 시절에는 공화국이었지만, 나라 규모가 커진 다음에는 제국이 되고 말았지요. 나라 규모가 커지고 또 시민권을 가진 사람의 수가 늘어나면, 시민이 토론과 투표를 통해 나라의 중요한 일을 결정하는 정치가 물리적으로 불가능해집니다.

많아야 10만 명 정도의 시민이 멀어야 20~30킬로미터 정도를 이동해서 모이는 것은 어떻게든 가능합니다. 하지만 수백만 명의 시민이 수백 킬로미터를 이동해서 모여 토론하고 표결하는 것은 심지어 인터넷이 발달한 오늘날에도 거의 불가능합니다. 수백만 명이 동시에 접속하면 아마 서버가 다운되고 말 것입니다.

그래서 한동안 민주주의는 역사에서 사라졌습니다.

그런데 어떻게 17, 18세기 이후에 다시 민주주의가 등장할 수 있었을까요?

7

대의제의 효과

놀랍게도 근대 민주주의가 등장하면서 국가 규모는 오히려 이전보다 훨씬 커졌습니다. 미국은 고대 로마 제국보다 인구가 훨씬 많은 복잡한 국가이지만, 그렇다고 해서 민주주의가 무너지고 제국이 되지 않았습니다. 오히려 13개 주로 독립했을 당시보다 50개 주를 가진 지금이 민주주의 체제를 제대로 갖추고 있지요.

교통과 통신이 발달하면서 정부가 통제할 수 있는 영토와 인구가 늘어나는 것은 이해할 수 있는 일입니다. 그런데 역사상 그 어느 시기보다도 넓은 영토와 많은 인구를 통치하는 정부가 도시 국가에서나 가능했던 민주주의를 유지할 수 있는 까닭은 쉽게 이해하기 어렵습니다.

어떻게 이런 일이 가능해졌을까요? 바로 근대 민주주의가 발명한 두 개의 중요한 제도, 대의제representative system 와 다두제 polyarchy 덕분입니다.

먼저 대의제는 시민이 자신을 대신하는 대표자를 선출해, 이들로 하여금 나라의 여러 가지 일을 결정하게 하는 제도입니다. 직접 민주주의와 달리, 대표자에게 대신하게 한다는 점에서 '간접 민주주의'라고도 하지요. 영국 철학자 밀은 대의제를 놓고 도시 국가보다 훨씬 큰 민족 국가의 규모와 많은 인구에도 불구하고 '민주주의가 가능케 한 탁월한 발명.'이라고 감탄했지요.

민주주의에 큰 울림을 준 저서
『자유론(On Liberty)』으로 유명한
존 스튜어트 밀의 조각상.

그런데 이 대의제의 기원은 민주주의가 아니라 귀족주의입니다. 대표자가 있다는 것 자체가 앞서 본 민주주의의 절대적 평등의 원리와 개인적 자율의 원리를 위반하니까요. 발상 자체가 다수의 의견을 대변

할 수 있는 특별한 사람의 존재를 전제하고 있기 때문입니다. 가령 중세 유럽에서는 왕이 중요한 나랏일 주로 전쟁이나 세금을 결정하기 위해 각 지역의 대표에게 자문을 구하는 경우가 있었습니다. 지역 대표, 주로 영주인 귀족이 영지에 거주하는 모든 사람을 대표했을 것입니다. 귀족들 중에는 가신, 심지어는 농노의 의견을 물어보고 왕에게 가는 사람도 있었을 테지만, 대부분은 자기 생각대로 말했을 겁니다. 아이러니하게도 이런 귀족주의적인 제도가 도입됨으로써 민주주의는 더 넓은 영역으로 확대되었지요.

물론 결정적인 차이가 있어요. 중세 유럽의 귀족들은 자신의 뜻을 이야기하고 자신의 뜻에 따라 의결에 참여했습니다. 영주의 뜻이 곧 지역의 뜻인 것이죠. 하지만 대의제의 대표는 그럴 수 없습니다. 가령 시민 5만 명 가운데 1명의 대표를 뽑는 까닭은 5만 명이 모두 의사당에 들어갈 수 없기 때문이지, 1명이 나머지 4만 9,999명보다 탁월해서가 아닙니다. 따라서 이 대표는 5만 명의 뜻을 대신해 의결에 참여해야 합니다. 대표는 귀족이 아니니까요.

쉬운 일은 아니에요. 처음에는 5만 명의 뜻을 잘 전달하겠다고 공약을 내세우더라도, 일단 당선된 다음엔 자신이 특권층이 된 것처럼 느끼기 쉽겠지요. 이렇게 되면 대의제는 민주주의가 아니라 귀족 정치로 전락합니다. 만약 시민이 국회 의원을 우리와는 다른 '높은 사람'이라고 느낀다면, 이미 민주주의에서 귀족 정치로 넘어가고 있는 셈입니다.

따라서 이 시민의 대표들이 귀족 행세를 하지 못하게 막는 제도적 장치가 필요해요. 대의제는 다음과 같은 방법들을 사용하여 민주주의를 유지합니다. 아무리 번듯한 국회가 있고 국회 의원을 선거로 뽑는 나라이더라도 이 방법들이 제대로 작용하지 않는다면, 민주주의와는 거리가 먼 정치가 이루어진다고 판단하면 되겠지요.

1. 대표들이 계속 대표로 있지 못하게 임기를 정합니다.

2. 임기는 가능하면 짧아야 합니다. 임기가 길면 의원이 특권층으로 자리 잡기 쉽습니다. 미국의 경우 하원 의원은 2년, 상원 의원은 6년입니다. 우리나라 국회 의원 임기는 4년(연임 가능)입니다.

3. 대표들의 권한을 분산시킵니다. 미국 의회는 연방법을 입법하며, 주법은 주 의회의 소관입니다. 우리나라도 국회는 법률, 지방 의회는 자치 조례를 입법합니다. 국회는 대통령을 견제할 수 있지만 시·도지사는 시 의회, 도 의회에서 견제합니다.

대의제 민주주의는 국가 차원뿐 아니라
국제 차원에서도 이루어지고 있다.
유엔 총회 연설 장면.

18세기 프랑스 혁명 이후 프랑스 의회는
국민의회로 창설되었으며,
현재 상하원을 둔 양원제로 운영되고 있다.

4. 시민은 주기적인 직접 선거로 대표를 선출합니다. 이렇게 선출된 대표는 자신을 뽑아 준 시민을 제대로 대표하지 못하면 언제든지 낙선할 수 있음을 늘 인식하고 있어야 하지요. 경우에 따라서는 시민이 임기 전에 대표를 파면할 수도 있어야 합니다.

대의제에서 가장 큰 문제는 대표자를 선출하고 나면 다음 선거까지 정치에 참여할 방법이 많지 않다는 것입니다. 물론 시민 사회가 활발한 나라라면 참여할 방법이 많습니다. 대표자들 역시 시민 사회의 눈치를 보지 않을 수 없고요. 하지만 시민 사회가 활발하지 않은 나라라면 대표자와 시민의 거리가 멀어지고, 시민이 정치적 삶에서 멀어지며, 결국 정치에 대해 무관심해지는 경향이 나타납니다.

이렇게 되면 대의제의 생명이나 다름없는 선거조차 형식적으로 이루어지는 경우가 늘어납니다. 절반 가까이 기권해 버리거나, 나머지 절반도 관행적으로 투표하는 것입니다. 어떤 후보인지 알아보지도 않고 색깔에 따라 표를 던지는 선거가 과연 의미 있을까요? 그렇게 당선된 의원들이 자칫하면 낙선할 수 있다는 긴장감을 느끼고 있을까요? 자신을 뽑아 준 시민보다는 공천(정당에서 선거에 출마할 당원을 추천하는 일을 말합니다.)

권한을 가진 당 지도부의 눈치를 보지 않을까요?

　이런 문제에도 불구하고, 대의제는 근대 민주주의가 고대 로마 공화국의 운명을 반복하지 않게 해 주었습니다. 나라의 규모가 아무리 커져도, 인구가 아무리 늘어도 대표 한 자리 더 마련하면 되는 것이니까요. 가령 인구 10만 명당 대표는 1명을 배당한다고 생각해 볼까요? 인구가 100만 명이 늘어도 대표를 10명 더 뽑아 100만 명의 의사를 모아 오면 됩니다. 물론 그 한계와 단점은 분명하지만, 대의제라는 제도는 갈수록 크고 복잡해지는 현대 국가가 민주주의를 유지하는 데 결정적인 역할을 하고 있음은 부정할 수 없지요.

8

다두제의
호출

　'다두제'라는 말은 'polyarchy'를 우리말로 옮긴 것입니다. 하지만 아주 정확한 번역은 아니기 때문에 때로는 원어 그대로 '폴리아키'라고 칭하기도 하지요. 여기서 폴리poly 는 여럿, 복수라는 뜻이고 아키archy 는 통치입니다. 반대로 통치자가 1인인 경우에는 하나를 뜻하는 모노와 통치를 합쳐 monarchy(모나키), 즉 군주제라고 한다고 앞에서도 말했지요. 하지만 군주제가 아니라고 해서 모두 폴리아키는 아닙니다. 다수가 통치하더라도 이 다수가 하나의 집단으로 권력을 독점한다면 모나키나 다름없으니까요.

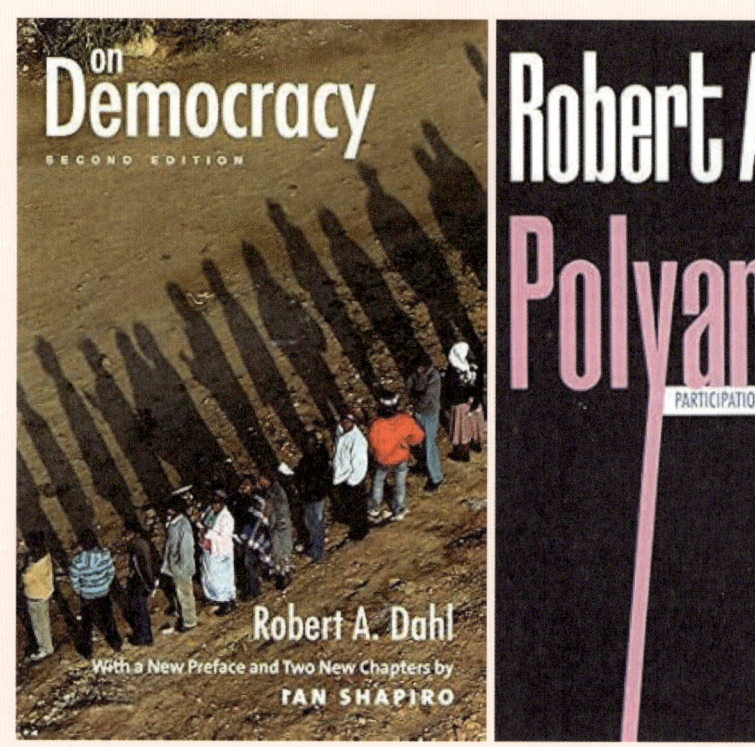

민주주의와 폴리아키에 관한 전문적 연구로 유명한
정치학자 로버트 A. 달의 저서들.

민주주의에 관한 한 세계적인 권위자인 미국 정치학자 로버트 A. 달Robert A. Dahl은 폴리아키라는 단어를 '거대한 정치 단위에서 민주주의를 실행하기 위해 필요한 제도'라는 뜻으로 사용했는데요. 폴리아키는 다음과 같은 제도들의 체계예요. 이러한 제도들의 체계가 잘 자리 잡아야만 대의제가 민주주의 정치 제도로 제대로 작동합니다.

선출된 공직자

정책을 결정할 힘을 가진 공직자는 오직 '시민의 선출을 통해서만' 권한을 받아야 합니다. 이 과정이 바로 선거입니다. 이건 이미 앞에서 여러 차례 강조했어요. 그런데 선거를 통해 권한을 받는 공직자의 범위가 얼마나 넓은지가 관건입니다. 그 범위가 넓을수록 민주주의 수준이 높다고 할 수 있어요.

이를테면 우리나라에서는 대통령, 국회 의원, 도지사, 시장, 교육감, 군수, 도 의회나 시 의회 지방 의원 등을 선거로 뽑습니다. 지금과 달리 1987년 이전까지는 사실상 국회 의원만 선거로 뽑았어요. 대통령은 체육관에서 대의원 선거를 거쳐 뽑았고, 지방 자치 제도는 아예 없었으니까요. 미국에서도 상당히 많은 공직자를 선거로 뽑습니다. 대통령, 주지사, 국회 의원, 주 의원, 시장, 시 의원 등은 물론 각 주 대법원 판사, 각 주의 검사장, 각 군카운티의 치안 책임자보안관, 각 교육구의 교육 위원까지 선거로 뽑고 있어요.

자유롭고 공정한 선거와
선거권, 출마권

물론 선거로 공직자를 뽑는다 하더라도 제대로 된 선거가 아니었다면 아무 의미가 없겠지요. 민주주의에서 선거는 다음과 같은 원칙에 따라 이루어져야 합니다.

1. 선거가 일정한 기간마다 규칙적으로 이루어져야 합니다.
2. 선거 과정은 공정하여 특정한 후보가 유리하거나 불리하지 않아야 합니다.
3. 누구나 자신이 지지하는 후보에게 자유롭게 투표할 수 있어야 합니다.

민주주의를 수놓는 선거는
국민 한 사람 한 사람의 투표로 완성된다.

공직자를 선출할 권리인 선거권은 원칙적으로 모든 시민에게 주어져야 해요. 물론 모든 시민이 선거권을 가진 나라는 없습니다. 연령 제한이 있으니까요. 그렇다면 적어도 모든 성인에게 선거권이 주어져야 합니다. 이를 보통 선거라고 해요. 민주주의의 역사는 선거권에서 제외된 사람들이 참정권을 요구하며 선거권을 쟁취한 역사이기도 합니다. 앞에서 이미 설명한 내용이니 짧게 넘어가겠습니다.

동시에 모든 시민은(적어도 모든 성인은) 선거권뿐 아니라 직접 선거에 나가 공직자로 선출될 수 있는 공직 출마권을 가져야 합니다. 뽑을 권리뿐 아니라 뽑힐 권리도 있어야 하는 것이죠.

국회 의원이나 대통령 같은 직위는 특별한 신분도, 특별한 사람만 당선될 수 있는 것도 아니에요. 원칙적으로는 시민으로서 일정한 나이만 된다면 누구나 출마할 수 있어야 하지요. 우리나라의 경우 국회 의원은 18세 이상이면 누구나 출마할 수 있지만, 대통령은 40세 이상으로 제한을 두고 있어요. 미국 역시 성인이라면 누구나 출마할 수 있는 다른 공직과 달리 대통령은 35세 이상으로 제한하고 있고요. 반면 프랑스에서는 18세 이상이면 대통령에 출마할 수 있습니다.

표현의 자유 +
다른 정보원을 찾을 권리

민주주의의 핵심은 토론입니다. 충분한 토론을 거치지 않고 무작정 다수결로 정해 버린다면 대의제는 순식간에 몇몇 대표가 나라를 움직이는 귀족정이 되고 말 테지요. 이때 토론이 제대로 이루어지려면 누구나 자유롭게 의견을 내놓을 수 있어야 합니다. 일반 시민이 모든 정치적 쟁점에 대해 어떠한 처벌의 위험 없이 자유롭게 자신의 생각을 표현할 수 있어야 하지요. 시민의 생각은 무조건 옳으니 들으라는 의미가 아닙니다. 당연히 시민의 목소리가 그른 경우도 많아요. 하지만 잘못된 주장은 처벌받거나 가로막히는 것이 아니라, 올바른 주장을 통해 반론하는 과정이 민주주의의 핵심입니다. 물론 다수결이 반드시 옳으냐 하고 물어본다면 확실하게 답할 수 없습니다. 다만 다양한 사람의 다양한 이해관계가 엉킨 복잡한 사회에서 충분한 토론 이후의 다수결보다 더 나은 의사 결정 방법을 찾기 어렵다는 것이 핵심입니다.

아무리 표현의 자유가 보장되고 토론이 활발하게 이루어지더라도, 권력을 가진 사람이나 집단이 정보를 통제한다면 아

21세기에도 언론과 표현의 자유는 여전히 통제되고 조작되고 있다.

무 의미가 없습니다. 뭘 알아야 토론을 하지 않겠습니까? 민주주의 사회에서는 정보가 곧 힘입니다. 만약 시민들이 정보를 얻을 경로가 정부 발표, 혹은 정부가 허가한 언론뿐이라면 정부가 모든 정보를, 거기서 비롯되는 권력을 독점한 것이나 다름없게 됩니다. 독재 정권이 가장 먼저 언론 및 출판의 자유를 제한하는 것은 바로 이 때문이지요. 시민들이 정부나 정부가 공인한 정보원뿐 아니라 다른 정보원을 찾을 권리, 다양한 대안적 정보원이 활동할 권리가 보장되어야 합니다.

결사의 자유

결사란 단체를 만들어 활동하는 것을 말해요. 정부나 공공기관뿐 아니라 다양한 단체를 만들어 활동할 권리가 보장되지 않는다면, 시민이 정부나 공직자를 적절히 견제할 방법이 없습니다. 다음 선거에서 낙선시키는 것도 쉽지 않아요. 정부가 일방적으로 정보를 생산해서 유포한다면, 이를 비판할 방법이 없다면, 유권자들에게 현 정부 정책에 대한 비판적 의견을 전하는 것조차 어려우니까요. 시민은 마땅히 정당과 이익 단체

2024년 12월 대통령 탄핵 촉구 집회에
참가한 시민들이 손에 든 빛의 응원봉 물결.

등을 포함한 결사의 권리를 보장받아야 합니다. 그리고 이 결사는 특별한 경우가 아니면 자유롭게 활동할 수 있어야 하겠지요.

4부

민주주의의 위기 그리고 현재

투표함

하늘 아래 영원한 것은 없습니다.

민주주의도 영원하지 않습니다. 고대 민주주의가 무너졌듯이
근대 민주주의도 언제든지 무너질 수 있어요. 문제는 민주주의가
무너진 뒤 더 억압적이고 나쁜 정치가 자리 잡는 것이지요.
실제로 2010년대 이후 세계 곳곳에서 민주주의는 위협받고
있습니다. 놀라운 것은 그 같은 위협이 중국이나 러시아, 이란 같은
나라들이 아니라 우리가 선진적인 민주주의 국가로 알고 있는
프랑스, 독일, 스웨덴, 노르웨이 같은 나라들에서 지금 나타나고
있다는 현실입니다.

9

민주주의를
위협하는 생각

2025년 프랑스에서는 총선을 앞두고 극우 정당인 국민연합 지지율이 치솟고 있고, 독일 역시 마찬가지예요. 진보 정당들은 군소 정당으로 위축되어 버렸고, 그 자리를 이민자와 난민에 대한 혐오를 노골적으로 드러내는 극우 정당이 차지하고 있습니다. 멕시코 국경에 장벽을 세우는 등 반 이민자 정책을 공공연하게 펼쳐 온 미국의 트럼프 도널드 대통령Donald Trump 역시 민주주의자로 보기 어렵습니다.

민주주의가 위험에 처한 까닭은 '민주주의'라는 것이 딱 부러지게 무엇이라고 정의할 수 있는 것이 아니라, 여러 사상과

유럽의 우경화 추세
(자료: 외신 종합)

핀란드

네덜란드

독일

프랑스

이탈리아

스페인

독일	극우 정당 '독일을 위한 대안' 지지율 20%를 넘어 집권 사회민주당 추월
프랑스	극우 정당 '국민연합' 마린 르펜(Marine Le Pen), 2022년 대선 결선 진출
이탈리아	반이민 정책을 앞세운 '이탈리아의 형제들', 2022년 10월 집권 성공
스페인	극우 정당 '복스(VoX)' 연정 가능성 상승
네덜란드	난민 정책 갈등으로 마르크 뤼터(Mark Rutte) 총리 사의 표명
핀란드	이민에 엄격한 '핀인당(Finns Party)' 연정 참여

제도가 복잡하게 융합되어 만들어진 것이기 때문입니다. 민주주의를 이루고 있는 여러 요소 중 어느 특정한 부분을 지나치게 강조하다 보면, 오히려 민주주의와 가장 먼 반反민주주의의 뿌리가 되기도 합니다.

무정부주의 _ 모든 억압을 거부한다

'무정부주의anarchism'는 너무 자유에 치우친 생각이 발전한 사상입니다. 사실 자유를 중심으로 생각하면 민주주의가 이루어지는 나라라 하더라도 온통 억압으로 가득합니다. 애초에 국가, 정부, 법의 존재 자체가 강제성을 전제로 하고 있으니까요. 무정부주의는 정부의 존재 자체가 시민에 대한 억압이라고 주장하거든요. 따라서 일체의 통치를 반대하며, 민주주의 역시 통치의 한 종류로서 거부하지요. 이들의 주장은 이렇게 정리할 수 있습니다.

1. 인간은 자유로운 존재이기 때문에 어떠한 종류의 강압도 정당화될 수 없는 악입니다.

2. 국가는 본질적으로 강압적입니다. 따라서 어떠한 국가도 궁극적으로 악입니다.

3. 민주주의를 실시한다 하더라도 정도의 차이만 있을 뿐, 궁극적으로 억압이며 악입니다.

4. 따라서 국가는 제거되어야 하며, 통치자 없이 모든 구성원이 평등한 자발적 결사체에 의해 대체되어야 합니다.

이러한 무정부주의를 주장한 이들로는 대표적으로 미하일 바쿠닌Mikhail Bakunnin, 피에르 프루동Pierre Proudhon 같은 좌파 사상가들이 있습니다. 기존 체제에 저항한다는 점에서 아무래도 무정부주의자들 중에는 좌파 사상가가 많지만, 로버트 노직Robert Nozick 같은 우파 사상가도 있고요. 하지만 대체로 좌파 정치사상은 기존 체제에 저항해 새로운 정치 체제를 세우자는 것이지, 정부 자체를 부정하지는 않아요.

이들이 꿈꾸는 사회는 누구도 누구를 억압하지 않고, 어떤 강제력 없이 합의에 의해 운영되는 공동체예요. 참으로 매혹적인 주장입니다. 무정부주의에서 풍기는 무한한 자유와 해방감 때문에 현실 민주주의에 실망한 민주주의자들이 매혹되곤 했죠.

하지만 무정부주의는 이상에 불과해요. 모든 이상주의는 매력적이죠. 하지만 이상은 어디까지나 이상이기 때문에 매력적이지, 현실이 아닙니다. 실현 불가능한 것을 현실에서 실현하려다 보면 오히려 강압적인 힘을 사용하기 쉽기 때문이지요. 때로는 이상을 실현하기 위해 억압적인 행동을 정당화하기도 합니다.

이미 온 세계가 크고 작은 정부로 이루어져 있습니다. 이들을 작은 공동체들의 자유로운 연합으로 해소하는 것이 과연 폭력적이고 강제적인 수단 없이 가능한 일일까요? 국가가 아닌, 이른바 자발적 공동체나 결사체에서는 강압과 위계가 나타나지 않을 것이라는 생각 역시 순진합니다. 결국 정부에 맞선 저항 세력은 어떤 형태로든 폭력적이고 억압적인 수단을 마련할 것이고, 또 폭력적이고 억압적인 내부 규율을 만들어야 할 것입니다. 정부군이든 반란군이든 조직이 움직이는 방식은 군대식일 수밖에 없으니까요.

물론 오늘날의 민주주의가 개인의 자율성을 가장 많이 보장하는 체제는 아닐 수 있습니다. 또 절대적 평등을 보장하는 체제가 아닐 수 있지요. 민주주의 국가라 알려진 나라에서도 강압이 전혀 없다고는 할 수 없습니다. 하지만 오늘날의 민주주의는 가장 이상적인 정치 체제가 아니라, 실현 가능한 최선의 체제입니다. 물론 무정부주의의 민주주의 비판 중에는 새겨들을 만한 것이 더러 있어요. 어쨌든 근대 민주주의의 결함이 드러나는 부분이 어디인지 보여 주니까요. 민주주의 국가에서는 강압적으로 이루어지는 법 집행은 토론과 설득에 뒤이은 최후의 수단이 되도록 더 노력해야겠죠. 개인이 억압받는 것에 분노할 수 있고, 문제 삼을 수 있습니다. 하지만 억압이 존재하니 권력 자체를 제거하겠다는 발상은 오히려 더 큰 억압을 불러올 수 있다는 것을 기억해야 해요.

수호자주의 _ 현인에서 독재자로

민주주의는 국민 모두의 행복을 추구합니다. 한 사람, 혹은 특정 계층의 행복을 추구하는 정치보다 훨씬 어렵고 복잡한 것은 당연해요. 그 과정에서 서로 다른 이해관계를 가진 사람들, 집단들 간의 갈등이 끊이지 않으니까요. 그런데 일반 시민은 먹고살기 위해 일을 해야 합니다. 복잡한 나랏일에 신경 쓸 여력이 없어요. 그래서 이런 생각을 합니다.

'훌륭한 사람이 알아서 나랏일을 맡아서 해 주면 얼마나 좋을까?'

바로 이 틈을 노리고 '수호자주의 guardianship'가 들어옵니다. 수호자주의는 한마디로 수호자, 즉 훌륭한 사람이 권력을 쥐고 통치하는 것이 민주주의보다 더 효율적이고 국가에 더 좋다는 사상입니다. 여기서 수호자가 꼭 왕을 뜻하지는 않습니다. 혈통이나 족보가 아닌 지혜와 지식을 기준으로 삼기 때문이죠. 가장 현명한 사람에게 왕과 같은 권한을 주자는 주장입니다. 무정부주의가 민주주의도 결국 국가의 정치권력인 이상 개인에 대한 억압이라며 반대한다면, 수호자주의는 그 반대편에서 민주주의가 너무 방만하고 의사 결정을 하는 데 걸리는 시간이 길고 복잡하여 결국 국민에게 해를 끼친다며 비난합니다.

수호자주의의 뿌리는 민주주의만큼이나 깊습니다. 무려 2500년 전으로 거슬러 올라가니까요. 서양에서는 플라톤 사상에, 동양에서는 유교 사상, 특히 맹자孟子의 왕도 정치에 그 뿌리를 내리고 있지요.

플라톤은 혈통이나 가문 따위가 아닌 지혜와 지식만으로 통치자를 선발하기 위해 모든 시민의 자식들을 어릴 때부터 같

그림 가운데 인물들 중 왼쪽이 플라톤, 오른쪽이 아리스토텔레스로
두 사람은 철학을 논하고 있는 모습으로 등장한다.
플라톤은 '철인 왕'이 통치하는 정치 체제를 꿈꾸었다.
〈아테네 학당〉, 라파엘로 산치오(Raffaello Sanzio), 1509~1511.

은 학교에서 교육하자고 주장했습니다. 이렇게 같은 장소에서 같은 교육을 받으며 자라다 보면 저마다의 적성과 소질이 드러날 것이니, 그에 따라 적절한 직업과 신분에 배치하자는 내용이었습니다. 이를테면 기개가 뛰어난 학생은 군인으로 키우고, 절제가 뛰어난 학생은 상인으로 키우고, 지혜가 뛰어난 학생은 철학자로 키우되, 이 중 가장 훌륭한 자질을 가진 사람을 나라의 통치자로 키우자는 것이었죠.

유교에서도 맹자가 이와 비슷한 주장을 했어요. 다만 맹자는 가장 현명한 사람이 왕이 되어야 한다고는 말하지 않았습니다. 혈통과 가문에 따라 계승되는 왕정은 인정하되, 이 왕이 인의예지의 덕목을 지닌 군자에게 통치를 맡길 것을 주장했지요. 유교에서 말하는 어진 임금은 현명한 통치를 하는 왕이 아닙니다. 군자들을 등용하여 통치를 맡기는 왕이 바로 어진 임금입니다. 군자를 멀리하고 소인들을 등용하면 어질지 못한 임금이며, 독단으로 통치하면 폭군이지요. 플라톤의 사상에서는 가장 현명한 사람이 왕이 되기 때문에 보통 '철학자 왕'이라 불립니다. 그렇다면 유교의 경우는 철학자 총리라 부르면 적절할 것 같네요.

수호자주의는 공산주의와도 결합했습니다. 러시아의 혁명

가 블라디미르 레닌 Vladimir Lenin 은 과학적 사회주의는 노동자들이 투쟁한다고 자생적으로 형성되는 것이 아니라, 사회주의에 이르는 길을 정확히 파악할 수 있고 자본가들의 기만을 꿰뚫어 볼 수 있는 당의 지도를 받음으로써 이룰 수 있다고 주장했습니다.

오늘날 1당 독재를 넘어 1인 독재를 하면서도 '민주주의'라고 주장하는 공산권 국가들은 사실상 공산주의는 포기했음에도 수호자주의만 남아 있는 상태입니다. 우리나라의 박정희가 '민주주의'를 지키기수호하기 위해 독재를 할 수밖에 없다고 선언한 '유신헌법' 역시 수호자주의에 근거하고 있었지요.

수호자주의자들은 이렇게 주장합니다.

1. 나라를 통치하는 데 필요한 특별한 지식이나 기술이 따로 존재합니다.
2. 그러한 지식이나 기술에 능한 사람이 통치하는 것이 의사 결정 과정이 복잡한 민주주의보다 우월하고 효율적입니다.
3. 나라가 긴급한 위기 상황인 경우에는 더욱 그렇습니다.

실제로 민주주의 국가 시민들 중에서도 이런 주장에 동조하거나 설득되는 이가 적지 않습니다. 특히 나라 경제가 어렵거나 사회가 혼란스러워 정부가 효과적으로 대처하지 못할 때 수호자주의에 넘어가기 쉽습니다. 난세에 영웅을 바라는 것과 비슷해요.

물론 훌륭한 지도자가 훌륭한 결정을 내려 준다면 좋겠지요. 실제로 무능하거나, 무지하거나, 때로는 사악할 수도 있는 시민들을 설득해 가며 길고 복잡한 의사 결정 과정을 거쳐야 하는 민주주의보다 효율적일 수도 있습니다.

그런데 이는 매우 이상적인 조건에서만 가능합니다. 수호자주의의 원전으로 여겨지는 플라톤과 맹자의 사상은 모두 '이상 정치론'이라는 평가를 받습니다. 왜 그럴까요?

우선 수호자주의가 전제하는 훌륭한 지도자란 매우 드뭅니다. 100명 중 한 사람 나기도 어렵지요. 나기도 어려운데 그 사람이 나라의 권력까지 잡을 가능성은 얼마나 될까요? 플라톤은 모든 아이에게 같은 교육을 시켜 자질이 뛰어난 이를 선발하자고 제안했습니다. 그러면 어느 정도 가능성을 보이겠지만, 이번에는 그런 교육 제도 역시 '이상 교육론'이라는 소리를 듣지 않을까요?

설사 훌륭한 지도자가 나타나더라도, 과연 그가 자신이 쥔

1815년 6월 벨기에의 워털루에서 나폴레옹이 이끈 프랑스 제국군과
영국-프로이센 왕국-네덜란드 연합군 간에 벌어진 전투.
뛰어난 영웅으로 칭송받으며 끝없는 정복욕으로 전쟁을 일으켰던

'황제' 나폴레옹은 이 전쟁에서의 패배로 완전히 몰락하고, 길었던
나폴레옹 전쟁의 종식을 맞이했다. 과연 그는 훌륭한 지도자였을까?

〈워털루 전쟁〉, 윌리엄 새들러(William Sadler), 1815.

막강한 권력을 오직 나라를 위해, 시민을 위해서만 사용할까요? 자기 자신을 위해 사용하지 않으리라는 보장이 있을까요?

실제로 역사는 처음에는 매우 훌륭하고 헌신적이었던 지도자가 권력을 쥔 이후 점점 변하는 사례를 여럿 기록하고 있지요. 무수한 왕국의 공격으로부터 프랑스 혁명 정신을 지켰던 나폴레옹이 나중에는 스스로 황제가 되어 무모한 정복 전쟁을 벌이다 프랑스를 멸망의 길로 몰고 간 사례가 가장 유명합니다.

원래 훌륭한 사람도 그렇게 되는데 그만도 못한 지도자라면 오죽할까요? 그래서 수호자주의는 대체로 지도자 자격마저 없는 독재자들이 자신의 권력을 합리화하는 데 동원하는 이데올로기로 전락합니다.

민주주의가 의사 결정 과정이 길고 복잡한 것은 사실이에요. 더구나 다수가 반드시 옳은 것도 아니라면, 현명하고 훌륭한 사람에게 판단을 맡기는 것이 더 나을 것이라는 수호자주의의 유혹은 시대를 막론하고 불씨처럼 남아 있지요.

하지만 수호자주의는 아주 이상적인 상황에서나 가능하며, 심지어 가능하다 하더라도 민주주의보다 나은 대안이 되기 어렵습니다. 민주주의에서 다수가 반드시 옳은 것은 아니지만,

그 실패를 통해 다수가 학습하기 때문입니다. 민주주의에서는 실패 뒤에 반드시 피드백이 있습니다. 지배자가 교체되고, 지배 세력이 교체되며, 시민이 새로운 지식과 정보를 얻습니다. 민주주의의 시민은 성공을 통해서도 배우며, 실패를 통해서도 배우기 때문에 나라가 점점 발전할 수 있다는 희망을 역사에서 우리는 목격합니다.

10

20세기 이후 확장되는 비민주적 정치 체제

무정부주의와 수호자주의는 민주주의를 위협하는 생각입니다. 하지만 이들이 실제 정치 체제는 아니에요. 이런 생각이 실제 현실에 나타난 정치 체제들을 살펴봅시다.

여러 종류가 있는데, 이들을 비민주적 정치 체제라고 합니다. 민주주의의 반대는 공산주의라고 오해하는 사람들이 많을 거예요. 하지만 공산주의는 생산과 분배, 즉 경제를 운영하는 방식이지, 정치 체제가 아닙니다. 다른 한편에서는 민주주의의 반대는 독재라고 배우기도 했지요. 하지만 한 사람이 권력을 독점하는 형태가 아니면서도 얼마든지 민주주의에 반하는 정치 체제가 만들어질 수 있습니다. 1950년대 이후 현대 세계에 등장한 비민주적 정치 체제들은 대체로 다음과 같아요.

권위주의 _ 다수를 지배하는 권위의 힘

오늘날 노골적인 왕국이나 독재 국가는 많지 않습니다. 대부분은 겉으로나마 민주주의를 표방하거든요. 하지만 민주주의처럼 보일지 몰라도 폴리아키가 제대로 정착되지 않은 정치가 있지요. 그중 가장 구별하기 어려운 것이 권위주의authoritarianism 입니다.

권위주의는 통치자 혹은 통치 집단의 권위가 다수 시민을 지배하는 정치 체제예요. 권위는 폭력과는 다릅니다. 사람들에게 어느 정도 자발적인 복종을 끌어낼 수 있는 영향력이 바로 권위예요.

그래서 권위주의 국가는 제도적으로는 거의 민주주의 국가처럼 보입니다. 정치 지도자 혹은 지도 집단과 시민 사회 간의 소통이 보장되어 있고, 폴리아키도 어느 정도 갖추어져 있지요. 하지만 실제로는 지도자가 제시한 이데올로기 혹은 지도자의 권위가 워낙 강해 시민 사회가 자발적으로 복종하게 되고, 결과적으로 지도자에게 권력이 집중되는 정치 체제이지요. 권위주의 체제에서 시민은 다른 선택을 하고자 하면 할 수 있는데도 '하고자' 하지 않습니다. 지도자나 지도 집단이 가진 권위가 워낙 막강하여 시민이 그들의 뜻과는 다른 생각을 아예 하지 않기 때문이지요. 더구나 이에 그치지 않고 다른 생각이나 주장을 하는 사람에게 다수 시민이 압력(때로는 보이는 압력, 대체로는 보이지 않는 압력)을 가하여 그 뜻을 포기하게 합니다. 지도자를 지지하느냐, 반대하느냐가 거의 도덕적인 문제로 여겨지는 것이죠.

권위주의적인 정부가 세워진 나라에서는 여느 민주주의 국가 못지않은 선거가 주기적으로 치러지지만, 실제 권력 교체는 일어나지 않습니다. 어차피 그 지도자 혹은 그 지도자의 정당 등 지도 집단의 인물이 계속 당선되기 때문입니다. 민주적으로 보이는 선거를 치르지만, 사실상 특정 인물이나 집단의 권력이 무한히 지속되는 것이죠.

권위주의는 특히 1950년대 신생 독립 국가들에서 자주 나타났습니다. 이런 나라에서는 저명한 독립운동가나 '건국의 아버지'라 불리는 인물이 초대 대통령이나 총리가 되는 경우가 많습니다. 그래서 지도자의 업적과 명성 때문에 감히 반대하거나 비판하기 어려운 분위기가 만들어지는 것이죠. 문제는 그렇게 권위 있는 자리에 오른 지도자가 점점 권력의 맛을 알아 가며 독재자로 전락한다는 거예요.

우리나라에도 비슷한 역사가 있습니다. 이승만은 독립운동가로서의 명성과 권위로 대한민국 초대 대통령이 되었지요. 당시 신생 대한민국 국민은 이승만 대통령을 선출된 공직자보다는 나라의 큰어른으로 생각하는 경향이 강했어요. 여기에 한국 전쟁이라는 참변을 겪으면서 '반공'이라는 이데올로기까지 보태졌습니다. 당시 많은 이가 북한 인민군의 침략에 분개했기 때문에 권위 있는 이승만 대통령이 내세우는 반공이라는 이념에 반대하기 어려웠지요.

또 다른 예로 싱가포르를 들 수 있어요. 싱가포르의 리콴유 李光耀 총리는 '건국의 아버지'라는 엄청난 권위를 가진 인물이었어요. 말레이시아 연방에서 쫓겨나 존립이 불투명한 상황에서도 싱가포르를 아시아 최고의 부유한 나라로 성장시켰거든요. 싱가포르는 헌법과 제도상으로는 폴리아키가 잘 갖춰져 있었지만, 리콴유 소속 정당인 인민행동당이 지배하는 나라나 다름없었습니다. 선거를 할 때마다 인민행동당이 모든 의석

권위주의적 리더는 권위가 손상되면 무너진다.
또한 그 과정에서 쉽게 억압적인 체제로 변질되기도 한다.

을 차지했을 정도니까요. 그런 가운데 리콴유는 무려 31년이나 총리를 지냈지요. 4년마다 돌아오는 선거를 통해서 말이죠. 심지어 2024년까지 리콴유의 아들 리셴룽李顯龍이 선거를 통해 20년째 총리로 지냈지요.

하지만 권위주의는 지도자의 권위가 손상되면 무너집니다. 이를테면 시민 사회에서 추문이 돌며 지도자와 지도 집단의 신성한 후광이 벗겨지면 시민은 자발적으로 복종할 이유를 상실합니다. 앞서 말했듯이 권위주의 체제는 민주적인 선거 제도와 폴리아키를 갖추고 있기 때문에 선거를 통해 권위주의 정권을 교체할 수 있어요.

문제는 권위주의 지도자가 이런 일을 그냥 두고 보지 않는다는 것이지요. 권위주의 지도자는 먼저 자신의 권위에 손상이 가는 정보가 유통되는 것을 차단합니다. 즉, 언론을 통제하기 시작하죠. SNS 역시 강력하게 통제해 비판적이거나 부정적인 여론이 형성되는 것을 억압합니다. 그런데도 권위가 손상되어 버렸다면, 그렇다고 해서 순순히 물러날 지도자가 있을까요? 그러지 않는 경우가 대부분입니다.

권위주의 지도자는 형식적으로 유지되어 온 민주적 선거와 폴리아키를 건드리기 시작합니다. 처음에는 자신의 권력을 이용하여 왜곡하고 조종하며, 나중에는 무력화하고 파괴합니다. 그리하여 권위주의 체제는 시민이 권위를 인정하지 않는 순간, 힘으로 찍어 누르는 억압적인 통치로 바뀌고 맙니다. 러시아, 중국, 이란 등이 이러한 수준의 비민주주의 국가에 해당한다는 것을 볼 수 있어요.

러시아에서는 푸틴이라는 개인의 인기와 영향력이 워낙 막강하여(러시아 내에서의 지지율이 70퍼센트가 넘습니다.) 푸틴에 대한 비판 여론이 형성되기 어렵습니다. 더욱이 푸틴은 자신에 대한 비판 여론이 형성되는 것을 적극적으로 가로막습니다. 지금도 기자, 시민운동가, 정치 활동가에 대한 교묘한 탄압과 암살이 빈번하게 일어나고 있지요.

전체주의 — 비민주주의의 압제

권위주의가 겉보기에는 자유롭고 민주적이지만 사실은 특정 인물이나 집단이 권력을 독점하는 은근한 비민주주의라면, 전체주의 totalitarianism 는 노골적인 압제가 행해지는 비민주주의입니다. 권위주의에서는 민주적인 선거 제도를 비롯해 폴리아키의 여러 제도가 허용되는 반면, 전체주의에서는 거의 허용되지 않아요. 권위주의에서는 현 통치자와 그 집단 외에 다른 지도자와 정치 조직 역시 명목상으로나마 허용되지만, 전체주의에서는 현 통치자와 그 집단에 도전하는 정치 조직 자체가 존재할 수 없습니다.

머릿속에 딱 떠오르는 인물들이 있나요? 아돌프 히틀러 Adolf Hitler, 베니토 무솔리니 Benito Mussolini, 이오시프 스탈린 Iosif Stalin, 김정은 등은 한 나라의 유일한 통치자이며, 반대하는 세력을 억압하기 위한 압제 기관을 설치하여 운영했습니다. 최고 권력자가 되기 위한 절차 역시 법이나 제도로 정해져 있지 않아요.

전체주의에서 권력자는 항상 거창한 이념이나 공동체의 이름으로 자신의 권력을 정당화합니다. 찬란한 미래를 위해, 이상적인 세상을 위해, 민족의 영광을 위해, 적과 싸워 이기기 위해서라는 명목으로요. 당연히 권력자나 그 집단에 대한 비판은 허용되지 않으며, 표현의 자유도 제한됩니다. 언론, 출판, 방송 등은 정부의 검열을 받아야 하며, 집회와 시위 역시 정부가 허가하지 않는 한 할 수 없습니다.

전체주의가 권위주의와 구별되는 가장 결정적인 특징은 권력을 유지하기 위해 잔혹한 폭력을 사용하며, 이 폭력을 담당

1972년 박정희 대통령의 장기 독재를 위한 유신헌법 공포식 장면(위)과
1948년 타이완 장제스(蔣介石) 총통의 취임식 현장(아래).

하는 국가 기구가 존재한다는 거예요. 이 탄압은 통치자 개인의 이름이 아니라 전체주의를 합리화하는 거대한 이상, 위대한 공동체의 이름으로 가해집니다. 따라서 탄압받는 당사자가 아무리 고통스러워하더라도 다른 사람들은 전체를 위한 어쩔 수 없는 희생 정도로 받아들이지요. 억압을 담당하는 이 폭력 기구는 삼권 분립을 넘어서 존재하며 법 절차나 폴리아키도 거의 무시합니다.

그런데 전체주의는 권위주의보다 억압이 더 강하고 억압 기구나 방법이 발달했음에도, 시민의 저항 역시 더 거셉니다. 전체주의 통치자나 통치 집단이 시민의 저항에 의해 쫓겨나거나 권력을 양도하는 경우가 많은 것도 이 때문이지요. 전체주의 통치자는 권위주의 통치자와 달리 시민의 자발적인 복종을 끌어내는 명성, 권위, 후광, 신뢰가 없기 때문에 폭력적인 억압에 의존할 수밖에 없고, 그만큼 저항 역시 더욱 강해지기 때문이지요.

지금의 현실 역시 전체주의가 완전히 사라진 것은 아닙니다. 시민들이 어떤 강력한 지도자나 집단이 우리를 대신해 세상을 좋게 만들어 주면 좋겠다는 게으른 마음을 먹는 순간, 전체주의 독재자가 "내가 바로 그 지도자다."라고 외치며 새롭게

2024년 12월 비상계엄 선포에 항의해 여의도 국회 앞으로 모여든 시민의 행렬.
민주주의는 완벽한 것이 아니라 시민의 피와 땀, 힘으로
역동하는 생물과도 같다는 것을 실감하게 했다.

등장합니다. 또 시민들 마음속에 국가, 민족 같은 공동체 전체를 위해 개인이나 소수의 희생이나 인권 침해가 불가피하다는 생각이 깃든 순간, 이미 전체주의의 싹이 내린 것이나 다름없습니다.

오늘날 전체주의에 해당하는 대표적인 나라로 북한을 꼽을 수 있어요. 김일성 시절에는 권위주의 통치에 가까웠는데, 김정일, 김정은으로 왕조처럼 권력을 세습하면서 권위가 약해지자 점점 폭력적이고 억압적인 방법을 사용하게 됐습니다.

우리나라에서는 박정희 대통령을 예로 들 수 있어요. 권위주의로 출발했지만 10년 이상 대통령을 하면서 지지율이 점점 떨어지자, 1972년 10월에 친위 쿠데타를 통해 국회를 억압한 뒤 유신 체제라는 전체주의 정부를 세웠던 역사가 있습니다. 또 오늘날에는 아시아에서 가장 민주적인 나라로 꼽히는 타이완에서도 장제스 총통이 중국의 침공 가능성을 핑계로 1948년에 선포한 비상계엄을 무려 38년간 유지하면서 국민당 이외의 정당을 불법화하는 가혹한 전체주의 체제가 이어졌어요. 공교롭게도 1987년에 한국과 타이완 모두 시민의 힘으로 전체주의 정권을 무너뜨리고 민주화를 이루었지요.

대중 영합주의 — 전체주의로 가는 길

오늘날 선진국들은 권위주의나 전체주의의 위험에서 대체로 안전한 편입니다. 하지만 선진국이라고 해서 비민주주의로 빠질 위험이 없는 것은 아니에요. 선진국의 민주주의를 위협하는 비민주주의는 바로 대중 영합주의populism 입니다. '포퓰리즘'을 우리말로 옮긴 것인데, 아주 정확한 번역은 아닙니다. 경우에 따라 대중주의, 인민주의 등으로 번역되기도 하는데 이역시 완전한 번역은 아니에요. 그래서 영어 그대로 포퓰리즘이라 부르는 경우도 많아요.

대중 영합주의는 대중이 원하는 것, 대중이 좋아하는 것을 약속함으로써 인기를 끌어 권력을 차지하고 유지하는 정치입니다. 정치가가 마치 연예인처럼 대중의 인기에 영합하고, 대중은 정치가를 마치 아이돌처럼 추종하는 것이죠. 대중 영합주의 정치가들은 합리적인 정책을 내세워 나라를 잘 운영하기보다는 대중의 취향에 맞는 발언을 하면서 팬덤을 확장해요. 특히 선진국에서는 미디어 기술과 SNS가 발달해 이들의 영향력이 폭발적으로 커집니다. 대중은 정치가를 비판하거나 견제해야 한다는 생각을 하지 못하고 무작정 지지하게 되고요.

그렇다면 어떤 정책이 대중의 인기를 끌 수 있을까요? 한마디로 혜택을 퍼 주는 것, 그리고 국민의 어려운 처지를 '남의 탓'으로 돌리는 것입니다. 가령 국민에게 세금 부담은 줄여 주면서 복지 혜택은 늘려 주겠다고 약속하는 것이죠. 물론 이런 식으로 나라를 운영하는 것은 지속 가능하지 않지만 눈앞의 이익에 이끌리는 대중에게서 인기를 얻을 수는 있겠지요. 한편 '남의 탓'은 현재 처지에 만족하지 않는 사람들에게 그 책임을 떠넘길 대상을 정해 주는 술수예요. 사실 자신의 처지에 만족하며 사는 사람은 거의 없습니다. 자기보다 성공한 사람을 시기하는 것 역시 사람의 본성 중 하나죠. 대중에 영합하는 정치가는 이 틈을 파고듭니다.

"네가 성공하지 못한 것은 네 탓이 아니야. 저들 때문이야. 저들이 네 정당한 몫을 빼앗아 가고 있어."

이렇게 말하면서 말이죠. 이때 '저들'로 지목되는 사람들은 주로 소수자나 사회적 약자 여성, 소수 인종, 성소수자, 이민자 혹은 엘리트나 전문가 집단입니다.

선진국에서는 사회적 약자를 배려하는 정책이 늘어나고 있고, 이를 위해 세금을 사용합니다. 그러면 주로 세금을 내는 기존 주류 집단이 이를 박탈로 여기는 정서가 일어나기 쉽습니다. 특히 주류 집단에 들어가고자 했으나 들어가지 못한, 그렇다고 배려받는 사회적 약자층에도 들지 못한 이들의 불만이 특히 높아집니다.

또 사회가 발달할수록 교육 수준이 높아지면서 고학력 전문가 집단이 새로운 엘리트층을 이루게 됩니다. 이들을 공격함으로써 일반 대중의 상대적 박탈감과 시기심을 부추겨 인기를 챙기는 정치인도 등장합니다. 고학력 전문가 집단은 사회적 약자를 옹호하는 경우가 많기 때문에 이 공격이 더욱 잘 먹힙니다. 대중 영합주의자는 타락한 소수 엘리트가 권력을 독점하고 정보를 왜곡하고 있으니 순수한 보통 사람이 다수의 힘으로 나라를 되찾아야 한다고 선동합니다. 얼핏 들으면 민주주의로 들리기까지 해요. 하지만 앞서 배웠죠? 민주주의는 주인의식을 가지고 공부하고 토론하는 가운데 이루어지는 다수결의 제도라고요. 민주주의를 제대로 이해하고 있는 시민이라면 전문가나 엘리트에 대한 공격에 무작정 수긍하기보다는 그들이 실제로 무엇을 잘못했는지 증거를 찾고 검토할 것입니다.

앞서 말했듯이, 대중 영합주의 정치가는 대중이 원하는 말을 하면서 인기를 얻습니다. 정치인에게 인기란 표심이죠. 그러니 실현 가능성이 없는 약속도 남발합니다. 그렇게 인기를 얻어 당선이 되고 나면 약속을 지키라는 대중의 요구가 쏟아집니다. 이때 이 정치가는 선택의 기로에 섭니다. 약속을 지키고 나라의 곳간을 거덜 낼 것인가, 아니면 약속을 무시할 것인가? 어느 쪽이든 결과는 마찬가지입니다. 곳간을 거덜 내면 나라 경제가 무너지면서 대중의 불만이 폭발합니다. 약속을 무시해도 마찬가지입니다. 결국 국가의 강제력을 이용해 대중의 불만을 억누르는 수밖에 없습니다. 결국 전체주의의 길로 가는 것이죠. 이렇듯 대중 영합주의는 전체주의로 이어지는 경우가 많습니다.

대중 영합주의 정치가로 대표적인 인물로는 아르헨티나의 후안 페론Juan Perón 전 대통령, 베네수엘라의 우고 차베스Hugo Chávez, 그리고 미국의 트럼프 대통령을 꼽을 수 있어요.

이 중 페론과 차베스는 "해 주겠다."라는 약속으로 나라 경제를 말아먹은 대중 영합주의자입니다. 아르헨티나와 베네수엘라는 한때 라틴 아메리카에서 가장 부유한 나라였어요. 하지만 대중 영합주의 정치가가 권력을 잡은 뒤 나라의 경제력으로는 감당하기 어려운 수준의 혜택을 마구 뿌린 결과, 부유했던 두 나라는 라틴 아메리카에서 가장 어려운 나라로 전락하고 말았지요.

포퓰리즘의 부상,
민주주의의 미래는
어디로 향하는가?

민주주의의 위기.

트럼프는 '다시 위대한 미국을 만들겠다.'라는
슬로건을 내세웠고, 2024년 재선에 성공했다.

한편 트럼프는 "저들 때문이다."라는 말을 통해 대중에 영합한 정치인이에요. 트럼프는 미국 현실에 불만을 가진 사람들에게 "당신들의 어려움은 중국과 불법 이민자들 때문이다."라고 말하면서 지지층을 넓혔습니다. 특히 백인 중하층에 이런 선동이 제대로 먹혀들었지요. 미국이 트럼프 2기를 거치면서도 민주주의를 지켜 낼지, 아니면 대중 영합주의에 휩쓸려 갈지, 앞으로 두고 볼 필요가 있어요.

11

21세기 위기의
해법

권위주의, 전체주의, 대중 영합주의의 공통점은 무엇일까요? 두 가지 특징을 찾아볼 수 있어요. 하나는 '다름'을 용납하지 않고 세상을 이분법으로 바라본다는 거예요. 이를테면 권위주의에서는 지도자의 뜻이 선이고, 지도자에 맞서는 것이 악입니다. 전체주의에서는 내세우는 어떤 이념이나 집단이 선이라면, 그와는 다른 이념, 다른 집단이 악입니다. 대중 영합주의에서는 인기 있는 정치인의 말을 비롯해 대중적으로 지지받거나 유행하는 신념이나 입장이 선, 그에 맞서는 모든 것이 악입니다.

다른 공통점 하나는 시민의 게으름입니다. 여기서 게으름이란 일이나 공부를 게을리한다는 뜻이 아닙니다. 오히려 일이나 공부 등 자기 일에만 몰두해 나라의 주인으로서 마땅히 져야 하는 책임을 다하지 않으려는 게으름이지요. 권위 있는 지도자가 하는 말이 옳겠거니, 많은 사람이 동의하는 생각이 옳겠거니 하는 무신경입니다. 그래서 어떤 이념이나 정치 집단에 참여할 때도 비판적으로 판단하지 않고 분위기에 휩쓸려 들어가지요.

사실 이분법과 게으름은 서로 통하는 것이기도 합니다. 세상을 선악의 이분법으로 보면 참 쉽거든요. 우리 편은 착한 쪽, 저쪽 편은 나쁜 쪽, 이렇게 갈라 버리면 자신과 다른 입장에 대해 공부하고, 토론하고, 타협하는 귀찮은 일을 하지 않아도 되니까요. 우리 편 안에서는 토론할 필요가 없습니다. 그냥 뭉치기만 하면 됩니다. 나쁜 상대편과 싸워야 하니 우리 편 안에서 분열이 일어나면 안 됩니다. 그러니 우리 편의 주된 생각, 다수의 의견이 정해지면, 다른 생각, 소수 의견 같은 것은 무시하면 됩니다. 그리고 가장 잘 싸울 것 같은 사람을 뽑아 지도자로 삼습니다. 그러면 아무 고민이 필요 없게 되지요.

시민의 성실성

위기의 원인을 찾았다면 해결책도 찾을 수 있습니다. 시민의 게으름에서 비롯된 위기라면 시민의 성실성에서 해법을 찾을 수밖에 없습니다.

민주주의 위기의 해법이 시민 각자의 성실성에 있다고 하니 맥 빠지는 소리처럼 들리나요? 하지만 우리나라에는 성실성의 가치가 제대로 평가받지 못하는 나쁜 풍토가 자리 잡고 있어요. 성실성이 평가 절하되는 사회에서는 온갖 비민주주의적인 정치가 확산되기 쉽습니다. 성실성은 무엇보다도 매사에 진심을 다하는 삶의 태도이기 때문이지요. 성실한 사람은 작은 선택 하나하나도 신중하게 조사하고 생각해서 합니다. 이것이 정치에 반영되면 민주주의가 되지요. 통치자가 제멋대로 선택하지 않고 시민의 뜻을 토론으로 확인하고 다수결로 결정하는 것은 그 나라의 성실성을 보여 줍니다. 마찬가지로 그 토론과 다수결 과정에 참가하는 시민 역시 자기 내면에서 성실해야 합니다.

성실함의 대가로 주어지는 것보다 성실하지 않았을 때 치러야 할 대가를 보아야 해요. 그것은 비민주주의입니다. 비민주

전 세계에 민주주의의 해체, 폭력과 혐오, 갈등이 거세지면서
'민주주의를 구하라.'라는 외침은 이제 시민 사회의 절실한 과제가 되었다.

2021년 미국 민주주의의 상징인 국회의사당에
트럼프의 대선 불복 주장에 동조한 시위대가 난입했다.
부정선거와 음모론 등 민주주의를 위협하는 움직임이 거세지는
현실을 전 세계가 지켜본 사건이었다.

주의는 게으른 시민들 때문에 확산되지만, 결국 그 게으른 시민들을 배신합니다. 거대한 파도가 밀려오면 각자의 배에서 아무리 훌륭한 조타수가 열심히 항해한다 해도, 결국은 모든 배가 뒤집히고 말 겁니다. 나라를 자격 없는 사람들에게 맡겨 두고 걱정 없이 각자의 일에만 몰두하는 것은 마을 단위로 나뉘어 농사짓던 중세에나 통하던 이야기예요. 나라 전체가 흔들리고 잘못된 길을 가면 각자의 능력과 노력과 무관하게 모두 큰 위험에 처하게 되지요.

플라톤이 했다고 잘못 알려진 다음과 같은 명언이 있습니다. 플라톤이 했던 말을 교묘하게 바꿔 완전히 다른 뜻이 되게 만든 것이죠.

"정치를 외면한 대가는 가장 저질스러운 인간들에게 지배당한다는 것이다."

플라톤은 이 말을 민주주의자를 위해 하지 않았습니다. 수호자 자격이 있는 사람이 정치를 외면한다면 자기만 못한 사람의 지배를 받는 치욕을 당한다는 뜻으로 했죠. 하지만 수호자 대신 시민으로 고치면 이 발언은 아주 훌륭한 말이 됩니다.

자유와 공화의 균형

대한민국 헌법에 가장 많이 등장하는 단어가 있다면 단연 자유일 겁니다. 더욱이 대한민국 헌법 제1조에서 규정한 나라의 형태는 민주 공화국이에요. 대한민국은 자유민주주의를 방향으로 삼는 민주 공화국입니다.

그런데 자유와 공화共和는 자연스럽게 어우러지는 관계가 아니에요. 이 둘이 충돌할 때도 많지요. 예컨대 자유를 강조하면 국가는 한발 물러서게 됩니다. 어떤 목적을 세우고 그것을 추구하며 노력하는 것은 개인의 몫이며, 국가는 개인의 노력이 공동체의 질서와 안전을 위협하지 않는 한 간섭하지 말아야 해요. 국가 자체는 어떤 목표도 가치도 가지지 않습니다. 유일한 존재 이유는 시민 각자의 기본적인 권리인 생명, 안전, 재산, 자유를 지키는 것이지요.

하지만 공화주의에서는 국가가 달성하고자 하는 목표와 가치가 있고, 시민들은 국가의 공동 주인이기 때문에 그 목표와 가치를 달성하기 위해 저마다 역할을 맡아 노력해야 합니다. 자유 못지않게 책임이 강조되지요.

때로는 개인의 이익과 국가의 목표나 가치가 부딪치기도 합니다. 이때 전체를 위해 개인이 희생해야 한다면 전체주의로 흘러가고 말지요. 하지만 국가의 목표나 가치를 달성하기 위해 개인이 각자의 이익을 평화적인 방법으로 조정할 수 있다면 그것이 바로 진정한 공화주의입니다. 전체의 이익은 곧 공동 소유자로서 자신의 이익이기도 하니까요.

결국 개인의 자유와 국가의 목표, 가치를 어떻게 조화시키느냐가 문제의 핵심입니다. 오늘날 민주주의를 위협하는 여러 현상은 대부분 이 둘의 조화가 무너져서 비롯된 것이죠.

이 둘 중 어느 한쪽으로 치우치면 균형을 찾기 위해 반대쪽으로 치우치는 반동력이 발생합니다. 당연히 자유든 공화든 어느 한쪽으로 치우치는 것은 민주주의에 좋지 않아요. 하지만 진자 운동에서 보듯이 조화와 균형은 단번에 이루어지지 않습니다. 이쪽저쪽 치우쳐 가며 조정 과정을 거쳐야 균형에 이르게 되죠. 많은 민주주의 국가에서 자유주의적 성향과 공화주의적 성향, 개인의 권리를 강조하는 성향과 공동체의 책임을 강조하는 성향을 가진 두 정당이 대결 구도인 까닭이 바로 여기에 있어요. 자유를 강조하는 정당이 권력을 잡으면, 다음에는 공화를 강조하는 정당이 권력을 잡으며 균형을 맞춰 가는 것이죠.

한 나라가 무법천지 혹은 전체주의로 흘러가느냐, 아니면 민주주의를 안정적으로 정착시키느냐는 이 균형에 이르는 과정을 얼마나 평화롭게 조정하느냐에 걸려 있습니다. 이 과정에서 자유를 지지하는 사람들과 공화를 지지하는 사람들 사이에 갈등이 끊이지 않으니까요. 진정한 민주 시민은 이 갈등을 두려워하지 않습니다. 갈등을 좋아한다거나 사사건건 갈등을 빚자고 달려들지야 않지만, 그렇다고 갈등이 일어날 수밖에 없다는 현실을 부정하지도 않지요.

오늘날 민주주의의 위기는 이 두 진영 간의 갈등을 조정 대상으로 보지 않고 이겨야 할 싸움으로 보고 대립하는 데서 비롯됩니다. 실제로 지금 독일, 프랑스, 이탈리아 같은 나라에서는 전통적인 자유/공화 진영 정당들이 모두 무너지거나 어느 한쪽이 무너진 상태예요. 미국에서도 트럼프 대통령이 공화당 소속이긴 하지만 전통적인 공화당과는 거리가 먼 인물이고요.

그렇다면 우리나라는요? 시사 문제에 관심을 가지며 여러분 스스로 판단해 보기 바랍니다. 하나 명심할 것이 있어요. 민주주의는 올바른 세력이 다수를 차지하여 나라를 올바르게 바꾸는 도덕 운동이 아닙니다. 민주주의는 나라가 가야 할 방향, 운영하는 방식에 대해 서로 다른 관점을 가진 집단들이 서로의 차이를 확인한 뒤 조화와 균형을 찾아가는 과정이라는 것을 말이지요.

왜 굳이
민주주의여야 할까?

이제까지 민주주의의 정신과 제도가 무엇인지, 민주주의의 주인공인 시민은 어떤 사람이 되어야 하는지, 민주주의를 위협하는 여러 비민주주의는 어떤 형태인지 간단하게 살펴보았어요. 간단한 게 이 정도예요. 도대체 왜 이렇게 어려운 공부를 해야 하는 것일까요? 다시 말하지만, 우리가 나라의 주인으로서 자기 책임을 다하기 위해서입니다.

물론 시민이 주인으로서 책임을 다하지 않는다고 시민권을 박탈당하지는 않아요. 다만 그런 시민이 다수가 되면 그 나라의 정치가 더 이상 민주주의가 아니게 될 뿐입니다. 민주주의가 아닌 나라의 국민은 사실상 시민으로서의 권리를 박탈당하는 것이나 마찬가지예요.

그렇다면 여기서 '왜 굳이?'라는 질문이 떠오릅니다. 대체 이토록 노력해 가면서 민주주의를 해야 하는 까닭이 무엇인가요? 그냥 지도자에게 맡기거나 그때그때 다수결로 정하는 것이 더 편하지 않을까요? 혹은 가장 뛰어난 사람들을 뽑아 나랏일을 맡기고 나머지 사람들은 생업에만 충실한 것이 더 효율적이지 않을까요?

그렇지 않습니다. 그 까닭을 찾아볼까요?

대안 없는 민주주의

민주주의에 대한 가장 큰 오해는 민주주의가 최고의 정치 체제라거나, 민주주의는 올바른 것이라는 믿음입니다. 그렇지 않습니다. 민주주의는 결코 완벽하지 않고, 최고의 정치 체제도 아니에요. 상황에 따라서는 다른 정치 체제가 더 나을 수도 있고, 앞으로 민주주의를 능가하는 정치 체제가 등장할 수도 있겠지요. 더구나 민주주의는 옳고 그름, 선과 악으로 구별되는 도덕적 당위와는 아무 관련이 없어요. 민주주의 자체는 선도 악도 아닙니다. 민주주의는 다만 앞서 설명한 것과 같은 요소들로 이루어진 정치 원리이며 제도일 뿐이죠.

그런데도 한 가지 확실하게 말할 수 있는 건, 현재를 기준으로 민주주의를 대신할 수 있는 정치 체제는 존재하지 않는다는 사실이에요. 이는 민주주의가 지닌 유연성 때문입니다. 민주주의 정치가 이루어지고 있는 나라는 특정한 상황에서 완벽하지 않을 수 있어요. 하지만 그런 부족함이 감춰지거나 왜곡되지 않습니다. 사람들은 어떤 점이 부족한지, 이를 어떻게 개선해야 하는지 자유롭게 말할 수 있지요. 이러한 의견들은 먼저 불만의 형태로 터져 나왔다가 이어 시민 사회에서 쟁점이 되어 토론의 주제가 되는 방식입니다. 그리하여 법이나 제도를 고치라는, 정부에 대한 압력으로 가해지죠. 이렇듯 민주주의는 스스로 문제점을 발견하며 발전해 나가는 체제예요.

반면 민주주의가 이루어지지 않는 나라는 특정한 상황에서 완벽할 수는 있겠지만, 상황이 바뀌어 문제가 발생해도 그것을 알아차리지 못할 가능성이 커요. 불편하거나 손해를 보는 사람들이 감히 불만을 표현하지 못하고, 표현하더라도 지배층에 전해지지 않을 가능성이 크기 때문이죠.

모두의 능력과 지혜가
발휘되는 민주주의

　민주주의의 가장 큰 힘은 바로 평등에 있어요. 민주주의가 이루어지는 나라에서는 시민 한 사람 한 사람의 자격이 동등합니다. 즉, 모두가 동등한 자유를 누리지요.

　따라서 나라의 여러 문제와 대안에 대해 말할 자격이 있는 사람과 그럴 수 없는 사람이 구별되지 않아요. 시민이라면 누구나 말할 수 있으며, 그것을 방해받지 않습니다. 물론 반론, 반박, 비판을 받을 수는 있어요. 어떤 주장에 대한 반론, 반박, 비판 역시 각자의 자유니까요.

　반면 민주주의가 이루어지지 않는 나라에서는 나라의 여러 문제에 대해 관심을 가지고 말할 자격이 소수에게만 주어집니다. 대안을 제시할 자격을 가진 사람은 더욱 적을 거예요. 다수는 나라의 여러 문제에 대해 말하는 것을 꺼립니다. 불이익이나 처벌을 받을 수 있어 두려워하기까지 하죠.

그렇다면 어느 쪽이 문제를 발견하고 해결책을 찾는 데 유리한 체제인지 바로 답이 나오지요. 민주주의입니다.

나라가 처한 문제들 중에는 때로 전통이나 지금까지 익숙했던 방법을 완전히 뒤엎고 예전에 없던 새로운 방법을 만들어야 해결할 수 있는 것도 있어요. 이러한 과정을 창조적 파괴와 혁신이라고 합니다. 이런 창조적 파괴와 혁신을 이끌어 내는 사람이 창조적인 천재예요. 그런데 역사를 살펴보면 창조적인 천재는 주류 사회에 속하지 못한 이들 가운데서 등장하는 경우가 많아요. 물론 민주주의라고 해서 가난하고 지위가 낮은 사람이 없는 것이 아니에요. 또 하위 계층에서 천재적인 재능을 가진 사람이 태어나더라도 기회를 얻을 가능성 또한 크지 않습니다.

그럼에도 민주주의는 다른 정치 체제에 비해 이런 사람들이 기회를 얻을 가능성이 더 큽니다. 민주주의가 이루어지지 않는 나라에서는 이런 사람들이 특정한 집단에 속해 있을 때만 아이디어를 드러낼 수 있어요. 그마저도 기존의 방식을 고수하려는 지배층이나 주류 집단의 눈 밖에 나는 것을 두려워하여 감히 입 밖에 내지 못하는 경우도 많을 거예요.

하지만 진정한 민주주의는 다수가 소수를 무시하거나 억압

민주주의는 시민이 가꾸고 돌봐야 자라나는 나무와도 같다.
2025년에 들면서 전 세계적으로 '민주주의가 죽어가고 있다.'라는
외침이 더욱 커지고 있다. 지금 민주 시민의 자격은 무엇일까?

하지 않아요. 비록 공동체의 의사 결정은 다수결에 따르더라도, 소수 의견을 낸 사람들이 공동체를 위하는 마음을 가졌다는 것은 부정하지 않지요. 그래서 민주주의에서는 다수 의견에 따랐을 때 결과가 좋지 않으면 소수 의견을 돌아볼 여유가 있습니다.

단단한 나라를 만드는 민주주의

권위주의자나 전체주의자의 눈으로 보면 민주주의 국가는 금방이라도 무너질 것처럼 허약해 보입니다. 정부의 권위는 약하고, 사람들은 서로 자기 주장을 하며 다투고, 무질서하지요.

그래서인지 전체주의 독재자들은 종종 민주주의 국가를 얕잡아 보고 쉽게 전쟁을 벌였습니다. 독일이 그랬고, 일본이 그랬지요. 1941년 태평양 전쟁을 일으킨 일본의 전범들은 미국을 도발하면서 '미국인들은 자신들이 죽을지도 모르는 전쟁에 찬성하지 않을 것이다. 정치가들은 그런 국민의 눈치를 볼 것이다. 천황 폐하를 위해 일치단결하여 싸우는 우리 같은 용기와 기개는 없을 것이다.'라는 막연한 기대를 가지고 있었지요.

2차 세계 대전 당시 태평양 전쟁이 발발하자
선제공격한 일본 기지를 공습하는 미군 전투기.

일본의 항복 선언을 앞두고 뉴욕 타임스스퀘어에 모여
2차 세계 대전의 승리를 축하하는 미국 시민들.

하지만 민주주의 국가는 겉보기에는 무질서해 보여도 질서 정연하고 똘똘 뭉친 것처럼 보이는 전체주의나 권위주의 국가보다 오히려 훨씬 튼튼합니다. 전체주의, 권위주의 국가는 권력이 집중된 지도자나 정치 집단이 무너지거나, 그 지도자와 정치 집단의 주장이 반박당하면 혹은 그 지도자와 정치 집단의 실상이 폭로되면 순식간에 무너집니다. 하지만 민주주의 국가는 권력이 분산되어 있고, 모든 국민이 시민으로서 권리를 가지고 있기 때문에 특정한 정치인이나 집단이 무너진다고 해서 나라 전체가 흔들리지 않아요. 폴리아키를 머리가 여럿인 정치, 즉 다두제로 번역한 것이 절묘하지요?

또 민주주의 국가는 의사 결정 과정이 복잡하고 시끄러울 수 있지만 일단 결정이 이루어지면 상당한 결집력을 보여 줍니다. 이번에는 저쪽 뜻대로 결정됐지만, 다음에는 우리 뜻대로 결정할 기회가 있는 사회이기 때문이죠. 만약 의사 결정권을 특정한 개인이나 집단이 독점하고 있다면, 거기서 배제된 다수는 겉으로는 복종하는 것처럼 보여도 속내는 전혀 다를 것입니다.

민주주의 국가가 권위주의나 전체주의 국가보다 강하다는 증거는 멀리 갈 것 없이 바로 우리가 살아가고 있는 이 나라에서 찾아볼 수 있지요. 2025년 1월 계엄을 선포한 대통령이 구속된 상황에서 국무총리까지 직무 정지되어 경제부총리가 대통령 직무를 한 달 이상 대행했습니다. 심지어 국회는 대통령 권한 대행에게 그리 협조적이지 않았고요. 그런데도 그 기간 동안 질서가 무너진다거나, 공공 기관이 마비된다거나 하는 일은 전혀 일어나지 않았습니다.

시민이 발전하는
민주주의라는 '하나의 거대한 학교'

민주주의 국가에서는 모든 국민이 나랏일에 관심을 가지고 참여할 기회를 가집니다. 나랏일에 대한 관심의 크기는 사람마다 다르지만, 이는 전적으로 개인의 자유이자 선택이며, 처음부터 참여할 수 있는 사람과 없는 사람이 나뉘지는 않지요. 더 많은 관심을 가지고 참여할 수도 있고, 관심 끊고 참여하지 않을 수도 있습니다. 어디까지나 개인의 자유예요.

그런데 말이죠, 나랏일에 관심을 가지고 참여하는 시민은 성장하고 발전합니다. 나라의 여러 문제를 발견하고 해결책을

2022년 당시 미 국무장관
토니 블링컨(Tony Blinken)이 유엔 총회 기간에
미국국제개발처(USAID, 국제원조기구)의
'민주주의를 전달합니다' 행사에 참석한 모습.

고민하고 제안하는 과정에서 많은 공부가 될 수밖에 없으니까요. 자신과 다른 입장을 성실하게 듣다 보면 안목이 넓어지고, 또 자신의 생각과 주장을 더 많은 사람에게 설득하며 논리를 갖추게 되죠. 설혹 자신의 의견을 정책에 반영하는 데 실패하더라도, 그 원인을 분석하고 다시 시도하는 과정에서 성장하고 발전할 수 있어요.

이렇게 민주주의 국가에서는 어려운 상황을 마주했을 때 시민의 힘과 지혜를 모아 이를 극복해 나갑니다. 그 과정에서 시민 개개인이 배우고 발전합니다. 때로는 다수결로 잘못된 선택을 내릴 수도 있지만, 시민은 잘못된 선택과 그로 인한 실패를 반성하며 다른 선택지를 고민할 기회를 가집니다. 말하자면 민주주의 국가는 나라 전체가 '하나의 거대한 학교'인 셈이죠.

반면 민주주의가 이루어지지 않는 나라에서는 이것이 지배자나 소수 엘리트, 특권층의 몫이에요. 대다수의 평범한 사람은 나라가 번영하면 그 혜택을 누리고 실패하면 고통받지만, 이 과정에서 성장하지도 발전하지도 못합니다. 혜택도 고통도 보통 사람들에게는 주어지는 것일 뿐이죠. 나라의 번영에 참여하고 싶어도, 나라의 실패를 같이 극복하고 싶어도, 엘리트

집단이나 특권층에 속하지 않으면 그럴 기회가 없습니다. 따라서 이들은 나라와 더불어 성장하고 발전하지 못하지요.

성장하고 발전하는 것이 왜 중요할까요? 그것이 더 행복한 삶으로 이어지기 때문이에요. 사람은 자신의 역량이 커지고 선택의 폭이 넓어진 것을 확인할 때 행복감을 느낀다고 합니다. 또 이를 함께하는 사람들이 많아질수록 더 큰 행복을 느끼지요. 나랏일에 관심을 갖고 참여하며, 그 과정에서 성장하고 발전하는 것이야말로 행복의 발전소라 할 수 있어요. 민주주의가 개인을 행복하게 만드는 까닭은 돈을 나누어 주어서가 아니에요. 무엇보다도 성장하고 발전할 기회를 평등하게 보장하기 때문입니다.

이제 이 책을 마무리하는 의미에서 질문 하나를 던져 볼게요.

"민주주의가 맞는 말일까요, 민주 정치가 맞는 말일까요?"

지금까지는 교과서에 나오고, 통상적으로 사용되는 말이기 때문에 '민주주의'라는 말을 사용했어요. 그런데 이 민주주의라는 말이 과연 데모크라시를 바르게 옮긴 것인지 고민해 볼 필요가 있어요.

보통 '~주의'라고 할 때는 어떤 이념이나 사상, 혹은 가치관 같은 것을 말해요. 사전에서는 '굳게 지키는 주장이나 방침' 혹은 '체계화된 이론이나 학설'이라고 설명하죠. 이런 점에서 자유주의, 공동체주의, 사회주의, 공산주의 등은 분명 '주의'라는 말을 붙일 수 있는 말입니다.

그런데 민주주의라는 '주의'는 과연 존재하는 것일까요? 자유주의자, 공동체주의자, 사회주의자, 심지어 공산주의자까지도 스스로를 '민주주의자'라고 부르고 있습니다. 그렇다면 민주'주의'는 대체 무슨 '주의'일까요?

만약 데모크라시를 민주 정치라고 옮긴다면 어떨까요? 페리클레스도 연설문에서 "우리의 정치는 다른 폴리스들과 다릅니다."라고 한 뒤 데모크라시를 말했지요. 다른 중요한 문헌에서도 데모크라시는 정치 체제, 정치 제도의 하나로 소개하고 있으며, 어떤 이념이나 가치로 소개하는 경우는 없어요.

이 민주주의라는 말은 메이지 유신 시대에 일본의 개화 사상가 후쿠자와 유키치福澤諭吉가 한자를 사용하여 데모크라시를 옮긴 말입니다. 그런데 당시 일본에서는 민주주의 말고도 여러 다른 번역어가 같이 사용되고 있었어요. 민주제, 민주 정치, 평민 정치, 민중 정치 등의 번역어가 공존하고 있었죠. 저는 개인적으로 민주제나 민주 정치가 데모크라시의 의미에 가장 가깝다고 생각해요.

하지만 민주제, 민주 정치라는 말은 모든 권력이 천황에게서 비롯된다고 믿었던 당시 일본인의 정서에 맞지 않았지요. 그래서 일본의 개화 사상가들은 "서양에서는 정치, 제도가 국민이 주인이 되어 이루어진다."라고 소개하는 대신에 "서양에는 제도, 정치가 국민이 주主가 되어야 한다는 사상, 이념이 있다."라는 식으로 소개한 거예요. 다시 말하면 '서양의 정치는 민주 정치다.' 대신에 '서양에는 민주주의라는 사상이 있다.' 이렇게 말이죠.

결국 조금 빗나간 이 번역이 많은 오해를 불러온 면이 있습니다. 정치와 이념, 제도와 사상은 하늘과 땅만큼이나 다르니까요. 이념이나 사상은 머릿속에 있는 것입니다. 그리고 그것은 이상적인 상황, 마땅히 그렇게 되어야만 하는 규범이나 당위로 작용해요. 그래서 민주주의라는 이름으로 진영을 가르고 선악을 가르기가 쉽습니다. 서로 자기네가 민주주의를 대표한다고 생각하며 갈등하는 집단들은 타협이 쉽지 않지요. 민주주의라는 것은 지키고 이루어야 하는 도덕이며 이상이기 때문이지요. 도덕은 '적당히'가 통하지 않습니다. 선이 악과 타협할

우리의 목소리

국제
민주주의의 날

우리의 미래

2007년 유엔 총회는 민주주의 원칙을 증진할 목적으로,
9월 15일을 전 세계 민주주의의 날로 정했다.

수 있을까요?

하지만 데모크라시는 사상, 이념이 아니라 정치입니다. 정치라는 것은 공동체의 목적 달성이나 다양한 이해관계의 충돌을 해결하기 위해 각종 자원과 권력을 할당하고 조정하는 국가의 작용이지요. 도덕은 각자의 양심이 기준이 되지만, 정치는 목적 달성과 갈등 조정이라는 눈에 보이는 결과가 기준이 됩니다. 도덕은 선을 지키는 것이지만, 정치는 그 선이 실제 결과가 되어 나오고 그 과정에서 다른 부작용이나 갈등을 최소로 줄이는 과정이에요. 따라서 도덕과 달리 정치에서는 타협과 양보가 필요합니다. 옳다고 믿는 것을 위해 목숨마저 거는 비타협적인 태도는 정치에서는 결코 바람직하지 않지요.

정치란 서로 옳다고 믿는 것을 양보하면서 공동체 전체의 목적 달성 가능성을 높여 나가는 과정입니다. 이 과정이 탁월한 한 사람을 통해 이루어지면 군주정, 소수의 사람을 통해 이루어지면 귀족 정치나 과두 정치, 그리고 다수를 차지하는 보통 사람의 합의나 다수결을 통해 이루어지면 민주 정치인 것입니다. 이는 도덕적인 가치나 이념 같은 것이 아니라, 공동체가 최적의 선택을 하기 위한 하나의 방법이자 제도, 과정이에요.

우리나라에서는 교과서를 비롯한 공식적인 문서에서는 여전히 '민주주의'라는 말을 사용하고 있어요. 이미 100년 넘게 이렇게 사용되다 보니 이 말을 쉽게 바꾸기는 어려워요. 게다가 정말로 민주주의를 하나의 이념, 도덕적 가치로 사용하는 사람이 늘어나면서 민주주의라는 말이 조화와 균형을 찾아가는 과정이 아니라, 갈등과 상대에 대한 증오를 키우는 말로 전락하는 경우도 있어요. 하지만 그럴 때마다 우리는 이 말이 데모크라시를 번역한 것이며, 민주 제도, 민주 정치가 좀 더 원어에 가까운 번역이라는 것을 되새길 필요가 있다는 것을 기억해야 합니다.

함께 읽으면 좋은 책들

- 로버트 달, 김순영 옮김(2010). 『정치적 평등에 관하여』. 후마니타스.

- 로버트 달, 조기제 옮김(1999). 『민주주의와 그 비판자들』. 문학과지성사.

- 조지 세이빈·토머스 솔슨, 성유보·차남희 옮김(2005). 『정치 사상사 1·2』. 한길사.

- 존 듀이, 이홍우 옮김(2016). 『민주주의와 교육』. 교육과학사.

- 앤드류 헤이우드, 조현수 옮김(2009). 『정치학』. 성균관대학교출판부.

- 최장집(2002). 『민주화 이후의 민주주의: 한국 민주주의의 보수적 기원과 위기』. 후마니타스.

이미지 출처

- 19쪽 shutterstock
- 21쪽 shutterstock(위), wikimedia(아래)
- 22쪽 wikimedia
- 27쪽 wikimedia
- 30쪽 shutterstock
- 37쪽 shutterstock
- 43쪽 shutterstock
- 53~54쪽 wikimedia
- 57~59쪽 wikimedia
- 63쪽 wikimedia
- 65쪽 wikimedia
- 75쪽 wikimedia
- 78쪽 wikimedia
- 85~86쪽 wikimedia
- 89쪽 wikipedia
- 99쪽 shutterstock
- 105쪽 wikipedia
- 108쪽 unsplash by Ian Hutchinson
- 111쪽 shutterstock(위), 중앙선거 관리위원회(가운데, 아래)
- 118쪽 wikimeda
- 121~122쪽 shutterstock
- 126쪽 wikimedia
- 132쪽 wikimedia
- 134쪽 연합뉴스
- 146쪽 wikimedia
- 150~151쪽 wikimedia
- 158쪽 shutterstock
- 162쪽 행정안전부 국가기록원(위), wikimedia(아래)
- 164~165쪽 shutterstock
- 171쪽 wikimedia
- 172쪽 shutterstock
- 177~179쪽 shutterstock
- 189쪽 shutterstock
- 191쪽 wikimedia
- 194쪽 shutterstock
- 199쪽 shutterstock

공화국에서 AI 선거까지 민주주의의 모든 것

민주주의는 완벽하지 않다고요?

초판 1쇄 펴낸날   2025년 06월 30일

지은이   권재원
펴낸이   홍지연

편집   홍소연 김선아 김영은 차소영 조어진 서경민
디자인   이정화 박태연 정든해 이설
마케팅   강점원 신예은 김가영 김동휘
경영지원   정상희 배지수

펴낸곳   (주)우리학교
출판등록   제313-2009-26호(2009년 1월 5일)
제조국   대한민국
주소   04029 서울시 마포구 동교로12안길 8
전화   02-6012-6094
팩스   02-6012-6092
홈페이지   www.woorischool.co.kr
이메일   woorischool@naver.com

ⓒ 권재원, 2025
ISBN 979-11-6755-335-5 43340

• 책값은 뒤표지에 적혀 있습니다.
• 잘못된 책은 구입한 곳에서 바꾸어 드립니다.

만든 사람들
편집   이선희
디자인   이정화